青海丛书

儿之乡·大通

冶生福　编著

青海人民出版社

图书在版编目（CIP）数据

花儿之乡：大通 / 冶生福编著．-- 西宁：青海人民出版社，2016.6
（快读青海丛书）
ISBN 978-7-225-05139-0

Ⅰ．①花… Ⅱ．①冶… Ⅲ．①大通回族土族自治县—概况 Ⅳ．① K924.44

中国版本图书馆 CIP 数据核字（2016）第 130089 号

快读青海丛书

花儿之乡·大通

冶生福 编著

出 版 人 樊原成
出版发行 青海人民出版社有限责任公司
西宁市同仁路 10 号 邮政编码：810001 电话：（0971）6143426（总编室）
发行热线 （0971）6143516 / 6137731
印 刷 陕西龙山海天艺术印务有限公司
经 销 新华书店
开 本 889mm × 1194 mm 1/32
印 张 7.375
字 数 100 千
版 次 2016 年 6 月第 1 版 2016 年 6 月第 1 次印刷
书 号 ISBN 978-7-225-05139-0
定 价 30.00 元

目录

历史篇

宗教篇

风景篇

民俗篇

文化遗产篇

历史篇

远古酣畅的舞步

丝绸之路南辅道大邑通都

古韵断续长

青海八达岭

明末名将柴国柱

远古酣畅的舞步

沧海桑田，北川河静静流淌，五千年前远古先民曾在水边欢乐地舞蹈，张扬生命的大欢畅。

公元 1973 年的秋天，依山傍水的大通上孙家寨沉浸在丰收的喜庆中。不远处正在修建储物仓库，人们在开挖地基时无意中发现了很多彩陶残片，施工人员马上把这一消息报告给了青海省文物考古部门。

谁也想不到一件国宝将要从这里诞生。

考古工作者们进行了抢救性的发掘，他们把陶器碎片送往北京，经过专家的复原鉴定，才知道当中有一件距今 5000 年的新石器时代马家窑文化的舞蹈纹饰彩陶盆。它的出土曾震惊了全国乃至全世界，是我国彩陶文物中不可多得的瑰宝。

这件舞蹈纹彩陶盆口径 29 厘米，腹径 28 厘米，底径 10 厘米，高 14.1 厘米。为细泥质红陶，大口唇外卷，口微敛，深腹较鼓，下腹内收成小平底，施黑彩。唇部及内外壁均绘有褐色彩绘，主要纹饰为马家窑文化彩陶上常见的弧线三角纹、斜平行线纹、平行带纹、柳叶纹等几何纹样，画面简洁。

静静面对它时，吸引我们的是它简洁、洗练的笔法生动地记录了先民们载歌载舞的场面。震撼我们的是它透露出的无处不在的欢畅，强烈的节奏，原始而体现生命本质的肢体语言，高扬的头发，摆动的手臂，传达着远古先民们的欢乐。欢乐是传染的，欢乐也是可以遗传的，无独有偶，北川的人们天性中就有欢乐的歌唱。

舞蹈纹饰彩陶盆

明长城遗址

在盆内沿壁上，用流畅的笔法勾出三块空白，每一空白处以平涂的剪影似的手法，画了五个手拉手的舞蹈人的集体舞蹈纹，分布于内壁腹部、口沿的两条带纹之间。舞人共分 3 组，每组 5 人，并肩携手，踏歌而舞，排列整齐，动作一致。相邻两组人物之间，用内向弧线纹、柳叶纹分隔。因为要以单色平涂来表现舞蹈的动态，所以作者选择了特有的角度。舞人头面向右前方，左腿向左前方跨出，似乎正在按节拍翩翩起舞。每

人头上左侧还有一发辫状饰物，摆向整齐划一。在两腿上部、下腹体右侧臀部斜向伸出一明显饰物，似尾饰。头饰与尾饰分别摆向不同方向，加上互相牵引的双手，很容易使人感到他们的身躯是扭转着的，仿佛正在踏着有节奏的舞步跳舞。每个人的形象都与整体有机地结合，形成整齐的图案。整个队形有强烈的运动感。那轻松而流畅的笔法，也似乎透露出韵律欢快的气氛来。

更奇特的是，每组外侧两人的外侧手臂均画出两根线条，似乎是为了表现空着的两臂舞蹈动作较大和摆动频繁。西方现代绘画中把在静止画面上表现事物的连续运动视为一种艺术创新，而在中国的原始艺术中就已出现了类似的表现手法，这种大胆的创造不能不使人击节赞叹。

关于舞蹈，许多典籍中都有记载，《尚书·益稷》有“予击石拊石，百兽率舞”，《吕氏春秋·古乐》有“昔葛天氏之乐，三人操牛尾，投足以歌八阕”，但长期以来，我们只能从古代典籍的文字中追寻原始社会舞蹈的蛛丝马迹。在目前中国发现的彩陶器物中，装饰有先民集体舞蹈活动场面的，这是第一例。它的出现极大地轰动了考古界、艺术界、体育界，为研究马家窑文化和我国原始社会音乐、舞蹈提供了珍贵的实物资料。

舞蹈纹彩陶盆属于马家窑文化，马家窑文化是黄河上游最有代表性的原始文化，距今已有五千多年。这个时期是我国原始社会中彩陶发展的高峰，彩陶都有一些共同的艺术特征：首先是审美和实用的紧密结合，彩陶的造型大多出于实用的需要，而对美的追求是服从于这一需要的。马家窑半山期的陶翁为了获得最大限度的容量而鼓腹，为了防止水溢出而口小，为了摆放方便而敛足，造型既实用又美观，作风典雅，完全可以和两三千年以后的古希腊陶瓶相媲美。彩陶的图案都绘制在器物的内壁或者外壁的上半部分是因为当时的人们席地而坐，视线所及的只有这些部位。我国原始社会的彩陶不拘泥于细部，具有古朴绚烂的艺术特点。

原始艺术家们的高明之处不仅在于给我们绘出了这种舞蹈的场面和气氛，而且善于用彩陶特有的工艺装饰程序来表现生活中最实际的题材。一般来讲，这类容器更多是在外壁上绘画，可这件作品外壁上只用几条简单而特色的线条作装饰，而将这些图案与形象巧妙组合安排在盆的内壁上。也许这些作法有其他功用与观念上的原因，但不可忽视的是，只有画在内壁，人们才能同时看到全部图案。要体现原始舞蹈中那种环绕火堆、猎物或水的欢腾场面，只有在同时看到这些环形图样时才能稍有领略。如果不是经过对题材与手法的仔细琢磨，是不会作出这样的处理的。 这个图案，还可能与某些巫术礼仪活动有关。但在原始社会中，这些活动是很难从人类整个生产、生活中完全独立分化开来的，它们终究是原始人类活动的直观反映。而这个反映过程中的许多观察方法与描绘手法，例如动态的捕捉、从整体来考虑对象、追求气氛而忽略细节等等，正是中华民族造型艺术中特有的审美情趣的雏形。后来的不少艺术理论，也与这些原始的追求一脉相承。

彩陶盆的设计制作，还体现了当时制陶工艺的熟练和审美思想的进步。舞蹈者的形象以单色平涂的手法绘成，造型简练明快，三列舞人绕盆沿形成圆圈，下有四道平行道纹，代表地面。盆中盛水时，舞人可与池中倒影相映成趣。小小水盆成了平静的池塘，池边欢乐的人群映在池水之上，舞蹈的韵味让人心醉。

吸引人们的还是它神秘的图案，以及图案背后的秘密。对于盘中的舞者为何而歌舞，学者们各有各的看法。

有的学者根据舞蹈盆所揭示的舞蹈形象，认为这是原始社会的踏歌而舞。因为踏歌要求人们“连臂踏地为节”，回旋宛转，互相唱和。而这个舞蹈纹彩陶盆中的五人一组携手起舞，腰带随风飘动，从中可以看出他们节奏统一，宛转轻盈，正好像后来的踏歌舞形式。但有的学者对是否踏歌舞提出质疑，认为它是原始社会普遍流行的圆圈舞，用舞蹈的方式反映了当时的社会生活。史前社会时生产力水平低下，依靠单人的力量是无法生存下去的，必须依靠集体的力量。当时的人们以血缘关系为纽带，一起劳动，反映到舞蹈就是集体舞，而十五个人在一起共舞，正是这一写照。并且十五个人并排环绕、面向中央很可能不是人为设计出来的，而是当时流行环舞的现实反映。在史前生活中，原始人有许多圈围的方式。狩猎时，人们先把一座山或一片树林包围起来，举火把，持弓箭，围歼野兽于山顶，这就是围猎；在饮食习俗中，人们习惯围火而坐，围绕炊事场所进行共食；晚上休息时也是环火而居。这种生活习俗反映到舞蹈上就是集体跳环舞。集体舞需要乐器的统一指挥，虽然我们从舞蹈彩陶盆中看不到乐器，但从舞者整齐划一的舞蹈动作中，可以感觉到他们是在某一乐器的指挥下翩翩起舞的。

有的学者则认为是原始人在进行某种庆祝活动。原始时候生产力水平低下，征服自然的能力还很差，导致原始先人获得食物的来源很有限。尽管当时的人们已经学会种植某些农业作物，但主要还是靠天吃饭。风调雨顺的好年景时，粮食容易获得丰收。原始人们为了表达自己内心的快乐，便会选择一个节日集体而舞，以示庆祝。或者是在某次狩猎当中获得了大量的猎物，为了表达自己的成就感，纪念这件喜庆的事而歌舞。

无独有偶，在大通有此地方，每当丰收之年，田中粮食收于家里粮仓，会有一种纪念仪式，叫法不统一，有叫“卧牛”、“卧场”的，也有叫卧碌碡的。几家聚到一块儿，做长面，炒菜，欢庆一番，也算是古风犹存吧。

有的学者则认为舞蹈彩陶盆中的群舞场面，表现了原始人爱恋的场景。繁衍子孙是人类生存和社会发展的基础，而其又是以男女爱恋为前提的，因此表现爱恋是原始舞蹈中重要的内容之一。从舞蹈者的服饰打扮来看，很难分清是男是女，或许是男女共舞。氏族社会曾经很长一段时间流行过族内婚，即本氏族内部的男女互相婚配。随着社会的进步，人们对婚配的要求也在提高。于是在特定的日子里，通过举行舞会这种形式，让男女在一起共舞，彼此产生好感，然后进行婚配。另外，当时人们的寿命相比较现在的人们要短得多，而要保持本氏族的延续以及劳动力的数量，也是需要进行男女婚配的。当时的人们已经有这种意识，为了达到这个目的，特意通过举行集体舞这种形式，促进男女之间的交流，从而为更好地进行婚配打下基础。

有的学者认为舞蹈彩陶盆中表现的围舞形式体现了当时的

某种宗教仪式。史前居民已经有了图腾崇拜，有了祖宗意识和神灵意识。当他们祭祀祖先或者祈求上苍保佑时，也可能通过舞蹈的形式表达出来，以达到人神沟通的目的。还有的学者认为这是巫师在举行宗教仪式时跳的一种舞蹈，可以叫巫舞——巫师在一边举行宗教仪式，而已学会巫舞的本氏族成员则在旁边跳舞助兴。

更有的学者认为这是史前居民进行的体育活动。他们认为当时的人们已经学会农耕、畜牧、制陶等，随着物质生产水平的提高，精神生活方面，如音乐、舞蹈、体育活动等应运而生。舞蹈彩陶盆中的舞者正是通过跳舞来进行健身活动的。

舞蹈彩陶盆中的舞者究竟为何而舞，学者们的猜测好像都很有道理，但舞蹈彩陶盆的舞者真正要表达什么，谁也无法说清楚，变成了一个谜。而舞蹈彩陶盆描绘的舞蹈场景是中华民族舞蹈的源头，这是不争的事实。

抛开繁琐的史家资料，静静面对彩陶盆时，打动我们的还是它透露的信息，由衷的欢乐，整齐的舞步，有力的节奏，高扬的手臂，似乎还能听到先民口中的“嗨嗨”声。

或许秘密只有从舞蹈中破解。

“诗者，志之所之也，在心为志，发言为诗。情动于中而形于言，言之不足，故嗟叹之；嗟叹之不足，故咏歌之；咏歌之不足，不知手之舞之，足之蹈之也。”比起诗歌来，舞蹈更能抒发感情，表现情绪，更直接，更痛快，更解馋。

舞蹈是一种常见的艺术形式，它以有节奏、有组织而又优美的人体动作为主要表现手段来反映社会生活，表达人的思想感情。

正如德国学者格罗塞所说：“原始的舞蹈才真是原始的审美感情的最直率最完美却又最有力的表现。”

现代舞的先驱邓肯说：“我向大众透露了我灵魂中最秘密的冲动。我自始至终都只是在用舞蹈展示我的生命。”

欢乐这一主题是无法避免的，欢乐的原因有很多。对于有着生存压力的远古先民来说，生存是第一要务。当狩猎成功，当丰收在望，面对有希望的明天，谁不愿意闻歌起舞，仪式也罢，巫术也罢，其实都是在表达内心的秘密。

闻一多先生《说舞》一文论述得最为充分和透彻：“舞是生命情调最直接、最实质、最强烈、最尖锐、最单纯而又最充足的表现。”它是生命机能的表演。在原始舞蹈里，它是真正全体生命的总动员，它是一切艺术中具最大综合性的艺术。这里面有音乐，有诗歌，身体是造型艺术，身上又有纹饰图案，特别是跳舞时的野火，不但给了光的效果，还给了它热，产生了触觉的刺激，这一切都加强了舞者生命的实在性。“一方面生命情绪的过度紧张，过度兴奋，以致成为一种压迫，我们需要一种更强烈、更集中的动来宣泄它，和缓它；一方面，紧张与兴奋的情绪，是一种压迫，也是一种愉快，所以我们也需要在更强烈、更集中的动中来享受它。”例如非洲土人的“摩科马舞”，“舞者跳到十分疲劳，浑身淌着大汗，口里还发出千万种叫声，身体做着各种困难的动作，以致一个个跌倒在地上，躺在从鼻子中流出的血泊中”。“摩科马”就是“血的舞蹈”的意思。这种剧烈、紧张、疲劳甚至带点疯狂的原始舞蹈，能够最大限度地体验到生命情调。

贾平凹小说《古堡》中曾有一段山民半原始性舞蹈的描写，“这喊叫声、蹦跳声，使那些逗起了冲动却无法排泄的村中光棍汉，都跑来和老二一起乱跳。后来他们就跳起往日过会时祭神驱邪的巫舞。已经是冬冷的暮晚，他们全脱了上身的棉衣，甩掉了帽子和包头巾，将那些废纸撕了条子，一条一条贴在脸上，举着钎子、镢头绕篝火堆跑。皆横眉竖眼，皆龇牙咧嘴，似神鬼附身，如痴如疯。旁边的人就使劲敲打铁器，发出‘嗨！嗨！’的吼声。后来就你从火这边跳过去，我又从火那边跳过来，用火灰抹脸，汗水流着，冲开灰土，脸恶得如煞神一般。这是性的冲动，原始的力的再现，竟将摄制组那边的音乐声渐渐压下去……”

这和现在的迪厅，有很多相似之处。

正因如此，舞蹈彩陶盆打动了许多人的心灵，因为它用最简单的图案表达着人生命深处的律动，所以它的轰动也是不争的事实。

曾有诗人这样写道：

坐在辽阔草原，抚摸蓝色秋天。

乡村的风，吹动你编织的发辫。

摇摇摆摆，碰撞出颗粒满仓的丰年。

来吧，牵起双手，

接引上苍。

接引先祖，接引舞者之魂。

是你吗？远方的女人，

头顶金色谷穗，身系婀娜牛尾，

大而黑的眼睛，忧郁有神。

跳吧，和着彩陶鼓的节奏，

踏歌行于水滨.

一圈荡漾的涟漪.

一轮永恒的生命。

五千年后.

有舞者端坐于你身边，

静默而无声。

先人已逝，古物尚存。

或许面对舞蹈彩陶盆，我们所能做的只有端详，只有冥想，用心灵去感知，用心灵与古人对话，体会生命的欢畅。

丝绸之路南辅道大邑通都

大通，又称北川。左控甘凉，右卫河湟，西通海藏，为历来兵家所争之地。同时又是农业与牧业过渡区,特殊的地理条件，使其成为包容汉、回、土、蒙古、藏族的热土。

溯北川河而上，一个个历史的痕迹扑面而来，上孙家寨、舞蹈纹饰彩陶盆、明长城、广惠寺，以及出土的大量文物，这些有着古人体温的遗存时刻在提醒我们这里并不简单。

交流、融合是这里的最大特点。

据考证，我国从上古先秦逐步形成的通往西方（中亚、欧洲、印度北部等地）的陆路通道的东段路线主要有三条：一是

大通全景

从关中或今河南北上经漠南阴山山脉至居延海绿洲（今内蒙古额济纳旗境内弱水下游），趋向天山南麓至西域，即所谓“河西路”或“草原路”；二是从关中过陇山，经河西走廊入西域，即所谓“河西路”；三是由祁连山南沿湟水至青海湖，再经柴达木盆地而达今新疆若羌的古“青海路”，自汉武帝派张骞出使西域，并在河西设武威、酒泉、张掖、敦煌四郡后，河西路开始兴盛，成为中西陆路交通东段的主要干线，而居延路和青海路相对冷清了下来。

自魏晋以来，西域各属国纷纷脱离中原王朝的控制，河西

走廊先后出现了前凉、后凉、南凉、西凉、北凉等地方割据政权，战祸频频，河西走廊及由此分支的南北两条大故道时常阻塞不通。当时在今甘肃西南部及青海草原由鲜卑慕容部建立的吐谷浑国，经过几代人的开拓，已成为地跨东西数千里的西部强国，吐谷浑立国 350 年，始终与中原古城以及南北朝都保持着密切的关系。

青海道大致可分为河南道、湟中道、羌中道。

1. 河南道，古称羌氐道，由莫河川西渡黄河，绕道青海湖，汇入羌中道。2. 湟中道，从关中过陇西，渡黄河进入湟水流域，经鄯州（今青海乐都）抵达西平（今西宁），并向西、向南、向北辐射，西接羌中道，南连流河南道，北面通过乐都武威、西平张掖道至凉州，人们把湟水流域这条四通八达的主干通道称之为湟中道。3. 羌中道，指沿青海湖南北岸西行，横贯柴达木盆地进入南疆的道路。羌中道是古代羌人在早期大迁徙中自然走出的道路。羌中道很早已成为中西方经济文化交流的纽带，张骞出使西域，返程时“欲从羌中归”（《汉书》61 卷《张骞传》）。河南道和湟中道都交汇于羌中道。

1996 年，青海都兰吐蕃墓葬的发掘曾被国家文物局列为国内十大考古发现之一，认为“在出土的文物中，以丝织品最重要，是唐代丝织品一次难得的集中发现”。都兰吐蕃墓出土的丝绸品种之全、图案之精美、时间跨度之长在国内考古发现中均居榜首。在发现的丝绸残片中，有 112 种为中原汉地制造，18 种为中亚、西亚制造。其中一块波斯人使用的钵罗婆文字锦是目前世界上发现的唯一一块确认了的 8 世纪波斯文字锦。此外，都兰古墓还出土了汉代中原地区制造的漆器、金银器和古罗马金币、波斯银币及来自西亚和中亚的金银器、彩色玻璃珠等。他认为，这些物品绝大多数应是吐蕃与中原、中亚和西亚进行贸易的结果。大量丝绸制品和其他文物的出土证明，从青海西宁经都兰，穿越柴达木盆地至甘肃的敦煌，是公元 6 世纪到 9 世纪前半叶古丝绸之路的一段重要干线，而学术界过去普遍认为它只是在河西走廊主线由于战争原因不通时才存在的一条辅助线路。青海丝绸之路在 1500 年前的繁荣程度不亚于中外人士熟知的“新疆——河西走廊——西安”丝绸之路，是唐代丝绸之路最繁荣的干道之一。

青海与西域的关系在《旧唐书》等历史文献中都有记载，古丝绸之路重镇都兰的考古发现为这些历史记载进一步提供了青海丝路当时非常繁荣的实物证据。

大通便是十六国时期丝绸之路——青海道的必经要道，这条道路从甘肃进入，经湟水谷地，在西宁折往大通县全境，翻越大坂山，历经海北草原，穿越曲曲折折的祁连山谷扁都口，又复入甘肃河西走廊张掖地区，汇入传统的丝绸之路。

进入大通，青山依依，北川河一路向东，史上称北川河为长宁河，汉武帝时霍去病开发湟中，在这里设邮亭，定名长宁亭，地理典籍《水经注》中曾说道："湟水又东，长宁川注之。"

这条路上商队不断，北川河洗去了长途跋涉带来的劳累之苦，也曾给许多人新的希望。东晋安帝隆安三年（399 年），名僧法显与慧景、道整、慧应、慧嵬等人自长安出发西行，过陇西，经西秦、南凉，越过养楼山（今大坂山），出扁都口至张掖，转往西域至天竺。法显等人去印度实际走的就是丝绸南辅路大通道。

多少年间，这里都"车辚辚，马萧萧"，东晋安帝隆安四年，秃发乌孤为了给自己称帝制造舆论，编出了"龙显于长宁，麒麟游于绥戎"的谎言，在"群臣称贺"下，当上了南凉王。长宁川在当时人们心目中略见一斑。

继续向北川深处进发，不时发现关隘，许多地名带有历史的印记，让人顿生古道西风之感。

单耳银壶

20 世纪 70 年代大通上孙家寨乙区第 3 号墓出土了一件单耳银壶，从形体和纹饰来看，当出自古代西亚安息人之手。1956 年西宁出土了 76 枚银币，这种银币在中亚和西亚流行很广，属国际性货币，至此，波斯银币和安息银壶成为了青海路兴盛的标志。

这条道路上留下了为追求财富而奔波忙碌的中外商贾们的身影，也留下了隋炀帝亲率大军西征的足迹。

这位好大喜功又穷兵黩武的皇帝，看了吏部长官裴矩关于丝绸之路遭吐谷浑人“壅遏”（堵塞）河西走廊和劫掠商人的奏章后勃然大怒，决定重重地教训吐谷浑人。吐谷浑部族的老家原来在辽东，西晋末年逐渐迁徙到青海草原并建立了政权。光阴推至隋朝，吐谷浑政权由于经常遭到来自中原强大势力的重创，国力大衰，江河日下。隋炀帝一道独断专行的谕旨，致使吐谷浑国王伏允和他的全体人民遭遇了这场战争。

隋炀帝是中国历史上唯一来过青海的中原皇帝。大业五年（609 年）四月，他亲自率领文武百官、后宫嫔妃及各路大军十几万人马，从长安出发，开始了以征服吐谷浑为目的的“西巡”征伐。浩浩荡荡的人马，一路跨陇山，经陇西，出临津关渡黄河，进入西平（乐都），踏上了青海这块土地。五月进入西平（今西宁市）以北的长宁谷，在金娥山大宴群臣。据《青海历史纪要》谓：炀帝胞娣乐平公主（即前北周天之皇后）随行殂于金娥山，后建成圣姥庙，故又名金娥山，俗称娘娘山。

旧题“大通八景”之一的“夕照流金”就是指这座山。曾有人描写这里的四季景色：“春华舒秀，青在于先；秋叶凋霜，黄从其始；冬则玉砌，夏景含烟。”民国初年，曾在大通为官并参与编纂《大通县志》的湖南湘潭人廖溪苏作大通“八景词”，其《浪淘沙·夕照流金》“夕阳横落浅深坡，照澈芙蓉红有晕，玉面婀娜”之句，更使我们感受到金娥山的秀色美景。

在金娥山，皇帝与嫔妃、群臣和随从，享受着天朝大国的美味珍馐。如山似海的美酒佳肴盛放于金盘玉碗，尽显皇家豪奢。将军们在餐桌上海吃豪饮的同时，周密部署了对吐谷浑的作战计划。将士们在皇帝御帐前威风凛凛，痛饮葡萄佳酿，耳听铮铮急弦之音。吃完出征餐，喝罢壮行酒，挥舞寒光刀剑走向沙场，一场恶战便在开怀畅饮后开始了。

山清水秀的金娥山，随着隋炀帝御銮驾临，目睹了歌舞欢宴之后军事征战的残酷。当时隋军从北面的祁连山、东面的浩门河峡谷、西面的大通山和南面的金娥山，用绵亘 900 里的连营，团团围住了退守在覆袁川（今海北门源县西永安一带）的伏允及吐谷浑部众。

这场战役，隋军以绝对优势取得了胜利。而伏允四面楚歌，处处被动挨打，节节败退，仅仅率领亲信两千余人经青海湖西逃，去青南投奔党项羌人去了。曾经跟随伏允多年的重臣仙头王，不得不领着自己所属的 10 万男女投降隋军。从此，吐谷浑政权愈成强弩之末，风雨飘摇。

随着时代的变迁，大通以其险要的地理位置，成为兵家必争之地，战乱也始终伴随着这条路。然而向往和平是人们与生俱来的天性。和平日子里，这里炊烟四起，鸡犬之声时闻于田畴，小桥流水人家时隐于密林深处。

古韵断续长

上孙家寨隶属大通县后子河乡，北距县城、南距西宁市区各约 15 公里，宁（西宁）大（大通）铁路、公路南北贯通，交通比较便利。上孙家寨墓地位于村北至寺沟河以南的坡形台地上，北部被青海省物资局轻化仓库大院圈建。为工作方便，将仓库大院内地面称为“甲区”，大院以外则称“乙区”。新石器时代、青铜时代墓葬集中分布于甲区的西北部，汉晋时期墓葬则遍布全区，但仍以大院西部最为密集。

上孙家寨村是个不显山露水的小村庄，但人们就是在这个看似平凡的地方，通过地下墓葬群的发掘，揭开了许多历史秘密。

上孙家寨墓地是1958年青海省文物管理委员会在进行文物普查时发现的。当时，除地表散布不多的马家窑文化、齐家文化和卡约文化陶片外，最显眼的就是从寺沟河南岸到上孙家寨村北地带，稀稀拉拉散布着的二十多个高大的封土堆。1959年3月，这里被批准为青海省省级重点文物保护单位，成为当时青海省为数不多的省级重点文物保护单位之一。

在上孙家寨墓地的西北角，有一条南北向洪沟，由南到北逐渐加深加大，北部沟口宽达20余米，深约15米。这条洪沟虽然基本上为南北向，但局部地段却有不少支沟和拐弯的地方。洪沟两边断崖上发现了几座青铜时代残墓，最初清理的第1~12号墓葬大部分位于这里。1975年9月，在发掘甲区9号汉墓时，在其封土堆下和周围又清理了5座卡约文化早期竖穴土坑墓，被编为13~17号墓。联系到50年代的调查记录和现今地表仍有新石器时代、青铜时代陶器残片的现实以及已经清理的十余座墓葬的事实，使大家萌发了这样一个想法：汉墓固然重要，新石器时代、青铜时代墓葬的重要性也绝对不应低估，应予以正规、系统地发掘。

1975年秋，在洪沟西部北端选点开始试掘，清理出卡约文化墓葬24座。至1981年，上孙家寨历时八年的田野发掘工作宣告结束，共清理马家窑类型墓葬21座、齐家文化墓葬2座、辛店文化墓葬12座、卡约文化墓葬1077座，汉晋时期墓葬182座，元代墓葬1座，共1296座。

从1973年至1979年连续7年时间里，青海省文物考古研究所赵生琛、刘万云、卢耀光等人用双手挖出舞蹈纹彩陶盆的同时，也对墓葬进行了科学发掘和清理工作，出土各类文物5870 件。从清理出的随葬器物看，青海地区卡约文化的陶器与汉式陶器共存，卡约文化的二次扰乱葬式，在这批墓葬中有发现。杀牲随葬较普遍，又是中原地区少见的现象。这里的考古发掘还表明，墓葬中既有汉人，也有土著的卡约人（羌人）和匈奴（月氏胡）人。

通俗地讲，上孙家寨的墓葬群既有本土原始社会的文化遗存卡约文化，也有秦汉以来三四百年间的外来胡人文化和汉文化遗迹，是一个融中原汉文化模式、北方少数民族文化模式与本地文化特色于一体的累积叠加的文化层，为研究探讨秦汉、魏晋时期青海地区的民族融合、民族交流以及地方经济生活、社会结构等一系列学术问题，提供了大量的实物资料。

上孙家寨发掘的汉晋时期墓葬有 182 座之多，其时间跨度从西汉昭宣时期到西晋初年，约 350 年。这与西汉王朝在湟中一带开疆拓土、实行郡县制度的历史背景是吻合的。研究者将这一批墓葬分为土圹、木椁、砖室三大类和土坑、土洞、洞室木椁、竖井椁、单室券顶、单室穹窿顶、前后室券顶、前后室穹窿顶 8 种形式，准确地阐明了各类型墓葬在此地出现、发展变化和消亡的演变过程，从而为湟水流域乃至更大范围地区这段长达数百年的墓葬年代的判定树立了一个标尺，也为青海这一历史时期社会政治、经济、文化状况和民族构成提供了丰富的实物资料。人们不会忘记这批墓葬中出土的几件重要文物：

一枚铜质白文篆刻“汉匈奴归义亲汉长”官印，是东汉时期的文物。印纽是一只栩栩如生、卧姿优美的骆驼，印面呈长方形，印长2厘米，宽3厘米，通高3厘米。在全国各地出土的匈奴印较多，但在青海省，到目前为止，此为发掘的唯一一枚珍品。“归义”、“亲汉”是汉王朝给予边疆少数民族首领的

“汉匈奴归义亲汉长”官印

一种封号；“长”相当于现在县级官员的称号。汉朝印制规定，县级官员的官印是方寸（2.3厘米）铜印。这枚小小的铜印，印证了一段北方民族来青海生活的史实。

西汉初年，生活在河西走廊一带的月氏人遭到北方草原强悍的匈奴攻击后，大部分西迁到伊犁河流域，称为“大月氏”。没有西迁的一部分则越过祁连山，逃到今青海省北部，依附于当地的羌人，史称“小月氏”。月氏与羌人友好相处，时间久了，相互间通婚联姻，生活习俗和语言上也互相影响，以致小月氏人“被服饮食言语略与羌同”，汉文史书上称为湟中月氏胡。他们的到来，打破了青海地区只有羌人的单一民族格局。上孙家寨墓葬群中出土的大量汉式陶器，同样印证了汉人迁居河湟的

史实。陶器有陶壶、陶釜、陶瓶、陶碗、陶勺、陶盘等，部分陶器施较薄而淡的黄色或绿色釉。铜器有瓶、盆、刀、剑、铜镜、车马饰等。铁器有铧、锥、钩、灯等，可惜大部分都氧化腐朽了，主要是车马饰品。金器有指环、珠花、丝等装饰品。银器有壶、帐钩。石器主要是珠类装饰品。木器多是木漆器，有案（盘）、耳杯等，另外尚有五铢钱、铜镜、铜质的摇钱树、铜印、木简等，具有典型的中原地区传统风格。

鸾凤薰香炉盖

墓葬中出土了240枚木简，木简以云杉木材制成。简长25厘米，宽1厘米，厚0.2厘米。经鉴定，这批木简上的文字为墨迹隶体，清晰可辨，字体流利俊秀，每简约有30~40字不等，据有关专家研究，主要内容为兵法（如布阵、战守、进退等）

木简

和军法（如军令、军爵、奖惩、军纪等）。并附有目录。研究者认定，这是当时军事人员必读的军事知识的抄录本，是研究汉代军事情况的珍贵实物资料。墓中出土“马良私印”一颗。墓主人马良当为军官一类人物。

乙区 3 号墓还出土了一件银壶。这件银壶为单环耳，器表镀金，器腹有一周环状纹饰，其上捶出忍冬花瓣和葡萄形图案。按其形别和纹饰均非汉式之物，也不是匈奴人之器，却具有浓郁的古代安息（波斯）风格。匈奴族及其别部曾长期活跃于祁连山以北的广大地区，其地正当中西交通冲要之地。他们过着逐水草而居的游牧生活，得到这件银壶并不奇怪。墓主人为匈奴族自不必再说，这件银壶在中西交通、经济文化交流研究中的重要价值也是不言而喻的。

这些东西的出土再次说明，从西汉初年开始，大量汉族陆续迁到河湟地区，同羌人杂居共同开发河湟，推动了社会进步；汉宣帝时，汉族军队又在湟水流域开展屯田，把牛耕铁犁、用石转磨加工小麦等技术传到河湟地区；朝廷在湟水流域设置有临羌县、破羌县等（大通属临羌县管辖），由此纳入汉王朝的郡县体系等史实。墓葬的葬式还表明，当时河湟汉族与月氏胡、匈奴、羌等少数民族在墓葬习俗方面区别并不大。

此时的上孙家寨依然平静，如同大通其他平静的村庄一样，人们春种秋收冬藏，村庄上空炊烟袅袅。这片热土埋藏了许多秘密，也吐露了许多秘密，才让我们在几千年后借着古人的物件，怀想古人的风韵。

青海八达岭

多灾多难的历史，使长城坚固地屹立于中华民族的心中，“万里长城永不倒，千里黄河水滔滔”，“北国风光，千里冰封，万里雪飘。望长城内外，惟余莽莽”。然而它又是历代征战的象征，如王昌龄的“琵琶起舞换新声，总是关山旧别情。撩乱边愁听

秋日明长城

不尽，高高秋月照长城”。

从大通老爷山向西南眺望，视线中会明晰地出现一段苍茫雄浑、蜿蜒盘旋的古边墙。这段高大厚实、斑驳陆离的古边墙，宛如长蛇巨龙一般，蜿蜒横亘在桥头镇南山和娘娘山岭的叠峦之上，当地人们一直沿用传统叫法“边墙”。据史料记载，“古边墙”“高余丈，处闇门起，至甘凉止”，是青海省现存的较有规模和气势的历史遗迹之一。

直到 2007 年 3 月国家文物局来青海考察明长城，当看到大通境内的马场段、下庙沟段长城墙体、敌台、闇门等军事设施后，专家确认青海境内存在明代长城。

随着专家学者的考证，大通明长城正逐步显山露水，它的沧桑、它的风雨、它的秘密正一点点地被复原。

在我国不同朝代的史籍中，对长城的记载有不同的称谓，如《史记》中的"长城"、"长城亭障"、"塞"，《后汉书》中的"塞垣"，《金史》中的"界壕"等。在明代官方公文、史籍中则称其为"边墙"，另外也有"墙堑"、"边垣"等别称。

长城不只是一道高大的墙体，它由城墙、敌楼、关城、营城、卫所、烽火台等多种防御工事组成，是一个规模庞大的军事防御工程体系。仅以墙体分类为例，有墙体外观以土筑为主的土墙，以石砌为主的石墙，以砖砌为主的砖墙，还有利用险要地形经人为加工形成险阻的山险墙，以地势险要之处的山体、河流、沟壑等自然地物与墙体共同构成防御体系的山险，用木质栅栏修筑的木障墙，以墙体和壕沟为防御体组合的壕堑界壕等。经实地勘测，大通境内的明代长城墙体除没有砖墙、木障墙之外，其余几种都悉数存在。

苏铣的《西宁志》记载，西宁周边的明长城全长"四万四千五百零七丈，计二百四十七里零九十四步"。大通县的明长城从"娘娘山沙尔岭起，札板山下止，边墙、水关、山崖，共四千四百三十三丈。内墙底阔一丈五尺，顶阔七尺，实台高一丈五尺，朵墙四尺，共高一丈九尺。斩山崖高二丈，随墙墩五座。随墙壕一道，口阔一丈，底阔七尺，深一丈八尺"。

大通境内的长城现存长度有 50245 米（不含随墙壕沟），其中夯土墙体长度 7577 米（墙体外残存随墙壕沟 1358 米），石墙 35 米，山险墙 1196 米，山险 26985 米，壕堑 4849 米。另外，还残存有烽火台、敌台 15 座，取土场 4 个，关、堡 6 座。

关隘有东闇门、西闇门。大通明长城东起自与互助县相接的阎王边，西至娘娘山山顶与湟中县分界处。从阎王边沿马鞍山、双嘴山、老石山的西坡止，此段长城大多利用自然山体为屏障；在阎王边南坡不远处是大札板山和小札板山构成的“北川札板山山崖榨”；马鞍山与双嘴山之间的“榨子岈豁”山口，设置有“园树尔榨”；双嘴山与老石山之间的“细沟尔掌”是“细沟尔榨”所在地；在两个关隘“园树尔榨”和“细沟尔榨”所在山口的

秋日明长城

两面山坡上都修筑有壕沟。另外，“园树尔榨”南面是与马鞍山相连的草人山，西面是双嘴山，史料记载此处附近有“草人墩”和“园树尔墩”烽火台，但是在调查过程中没有见到这两个烽火台的建筑遗迹。

从老石山西坡至老爷山南坡山下止，长城构筑种类较多，主要有夯土墙体、山险、山险墙、壕沟等，在夯土墙体上有敌台，外侧有“随墙壕”，距墙体不远处有烽火台。另外，在老营庄与马场村道路相连的山岭上有“东闇门”。刘敏宽在他纂修的《西宁卫志》中记载道：“万历二十四年，议建闇门于马营内，移置守备官。”《西宁府新志·建置》也载有“三里有西闇门，六里有东闇门，俱系极要”的文字。“六里有东闇门”，“六里”是对清代西宁府北川营驻扎的城堡而言。清代西宁府北川营驻扎于“永安城”，永安城“南距旧城五里，人谓之新城”。“新城”作为地名至今还在沿用，在大通县新城乡新城村还有残存的“永安城”城墙。因此，以东距“新城”城堡六里为参照，“东闇门”应该是现今大通县元朔乡老营庄村与朔北乡马场村之间山梁上的闇门壕所在位置。

从老爷山过北川河至小石山，再从小石山至拱北岭，此段长城有夯土墙体、山险、山险墙、壕沟、敌台、烽火台、随墙壕以及石墙、关堡等，老爷山与小石山之间的“大闇门水洞榨”和“西闇门”是重要的关隘；据前文“三里有西闇门”的记载，距永安城城堡三里的地方就是“西闇门”关隘。“西闇门”修筑于隆庆六年，其具体位置在娘娘山北麓闇门滩山与小石山相夹的地方，现今“西闇门”已被拆毁，宁大铁路由此穿过。从拱北岭至娘娘山山顶与湟中县分界处的此段长城是利用娘娘山高大、陡峭山体为屏障的山险。另外，文献中的“北石山墩”、“老叹嘴墩”、“李茂轻墩”、“靖边墩”与长城沿线诸多敌台、烽火台的对应关系，还需进行缜密的研究。总而言之，大通境内的明长城分布地点、布局、构筑方式等都与文献记载基本相符。

虽然“东闇门”、“西闇门”、“水洞榨”等险要的关隘已不复存在，但以它们的名称而产生的地名“闇门壕”、“闇门滩”、“水洞浪”等，用一种新的形式告诉人们长城的关隘“东闇门”、“西闇门”、“水洞榨”的位置。

它们经过了几百年血与火的洗礼，风雨的冲蚀，依然巍峨屹立于高山之上，并且是青海现存长城中保存最好的一段。

在大通崇山峻岭之巅矗立的一座座烽火台颇具气势，蔚为壮观。这段古朴苍茫的明代长城，见证了历史的沧海桑田，跨越了时空的古朴雄浑，以巍然的气势，时时向走近它的每一个人展示着雄伟壮丽，诉说着它的撼人心魄。

清乾隆年间，杨应琚纂修的《西宁府新志·舆图》中清楚地表明，西宁周边的明长城是围绕着明西宁卫城，从北、西、南三面构成拱卫形状，大通境内的明长城属北线一段。当时这样构筑、布局长城的用意是重点防御明正德年间游牧于青海湖地区的蒙古卜儿孩部，以及明嘉靖三十八年（1559 年）从内蒙古河套地区进入青海湖地区的土默特部、俺答汗部属对明西宁卫的侵扰，是西宁卫城重要的外围防御工事。

明嘉靖二十五年（1546 年），西宁兵备副使王继芳、周京等官吏主持修筑西宁周边的明长城，后经过了隆庆元年、隆庆六年、万历元年、万历二年、万历二十四年，多次对不同地段的大规模修筑才初步完成西宁周边长城的全部军事防御工事。大通县境内的明长城是隆庆六年修筑的。在此期间，西宁周边经常受到游牧于青海湖地区的蒙古俺答汗部属丙兔、火落赤、永邵卜等部落的威胁，“屡遭蹂践，不可胜计”，修筑长城的浩大工程定会受到战乱的影响，修筑的长城也时有损毁。万历二十三年（1594 年），西宁卫的军民齐心合力英勇作战取得了南川、西川两大战役的胜利，从此游牧于青海湖地区的蒙古部

明长城

落军事势力一蹶不振，再也无力对西宁卫构成威胁。时任西宁兵备按察使的刘敏宽在《封祁连山铭》中就“甘山之捷”、“西川之捷”、“南川之捷”称赞道：“可谓一创百惩，一劳永逸者也，厥功茂哉！”万历二十四年，刘敏宽和副将达云、同知龙房、通判高第等人“遍历荒度，增筑广堑”，最终完成了西宁周边长城的修筑工程。

雍正二年，清政府平定罗卜藏丹津叛乱后，为了进一步加强对青海蒙古部落的统治，在雍正三年（1725 年）仿内蒙古札萨克办法，编制蒙旗，将青海蒙古部落编为二十九旗，同时削除了藏族部落对原蒙古贵族的役属关系，直接统治藏族部落。而且，从万历二十四年（1596 年）至乾隆十年（1745 年）的百年间，长城之外，村落相连，牛羊遍野，并开辟有大片的良田，长城的防御作用已基本失去。

乾隆十年，清政府对西宁周边长城的维修采取了“有者，量加修葺，不可废前人之功；无者，不必增加，以重劳民力”的措施，保持了明长城的规模和气势，此后的二百多年间再也没有对长城进行过任何维修。

2008 年 3 月 25 日，省文物局抽调省考古研究所及基层文物单位的技术骨干与省测绘局共同组建了三个调查队，分别进驻互助、大通、湟中等县，对青海明代长城展开了详细、全面的资源调查。青海省境内明长城主线分布在湟中县、大通回族土族自治县、互助土族自治县、乐都县 4 个县；辅线则分布在互助土族自治县、民和回族土族自治县、化隆回族自治县、贵德县 4 个县，多为关隘性质。

2007 年，青海省大通县境内的明代长城遗址被列入国家长城保护计划。为充分保护和开发利用这一文化遗存资源，大通县将在国家、省市有关部门的专项扶持下，拟投资 1.76 亿元开发修建一处高原明长城遗址公园。建成后的明长城遗址公园以重要考古遗址及其背景环境为主题，具有科研、教育、休闲等功能。最终在实现保护和开发双赢的同时，将其打造成青海省知名的文化旅游品牌。大通明长城将成为考古家、史学家、摄影家探古察今、观光旅游的名胜古迹。

大通明长城不再静悄悄了，它用沧桑的面容迎接着一双双期待阅读历史的眼睛。在晨曦中、夕照里，它的身影牵动着人们的怀古之思。对于长城，众说纷纭，或许还是席慕蓉的《长城谣》更能表达这种特殊情感：

尽管城上城下争战了一部历史
尽管夺了焉支又还了焉支
多少个隘口有多少次悲欢啊
你永远是个无情的建筑
蹲踞在荒莽的山巅
冷眼看人间恩怨
为什么唱你时总不能成声

明长城

写你不能成篇

而一提起你便有烈火焚起

火中有你万里的躯体

有你千年的面容

有你的云　你的树　你的风

敕勒川　阴山下

今宵月色应如水

而黄河今夜仍然要从你身旁流过

流进我不眠的梦中

明末名将柴国柱

金娥山似乎总是与名人联系在一起，或许因为这座山地脉旺盛，先是隋炀帝亲率文武百官、后宫嫔妃在这里大宴群臣，传说他的一个妃子就葬于此地。

而在金娥山山麓不远处的清水沟柴家墓园，还沉睡着一代名将——柴国柱。

柴国柱（1568—1625），字擎霄，号峨峰，西宁卫清水堡人，就是现在大通县景阳乡人，明代名将。历任凉州副总兵、

柴家坟

陕西总兵官、甘肃总兵官、都督府右都督，曾屡建奇功。至今，大通黄家寨镇柴家堡村的人们仍亲切地称他为“柴总兵”。

柴国柱祖上是山东人，明初屯戍西宁，因军功官升千户，至柴伯林时只承袭了百户的职位，据史料记载，柴国柱兄弟二人，他排行老大。柴家世代尚武，幼年时，柴国柱便以勇力闻于乡里，很早便从军入伍。在柴国柱的墓志铭中，记录着这样一段往事："（柴国柱）其先王大父，隆出青齐，徙陕之西宁卫，世爵户侯，八传至封翁伯森公，丰于功而啬于年，平羌与弟赠镇国尚呱呱怀抱中也！母赵，仰事衰姑，抚育两雏，不难以擗坿，纂组代义。方平羌，稍长，问父所欲未遂苦，每中夜流涕，誓成先德，以慰母心。"

时势造英雄。柴国柱 18 岁袭任百户一职，投在西宁卫军事长官麾下做哨官时，整个青海正处于多事之秋。原来在蒙古大草原生活的蒙古各部，因人口不断增长和政治内讧，有几部人马挥舞着蒙古战刀环青海湖草原，他们挟迫这里的藏族部落迁徙他处，又攻掠西宁等地区，屡屡向驻防明军挑衅，流血冲突不断。明代官方文献称这些蒙古部众为"海寇"或"套寇"，后世则称为"西海蒙古"（青海湖古称"西海"之故）。残酷的战争环境锤炼了武艺超群的柴国柱。

明神宗万历二十三年（1595 年），青海永邵卜部攻扰西宁南川，担任西宁中军守备的柴国柱随西宁兵备副使刘敏宽、参将达云率兵在湟中县马鸡沟峡谷大破永邵卜部，历史上称为"湟中之役"。十月，永邵卜部再犯西宁，柴国柱再次出征，大破来犯之敌。在柴国柱的戎马生涯中，这两次战斗并不起眼，却使他的军事才能开始得以体现。柴国柱勇敢作战，冲锋在前，胜利后"上司"在给朝廷的战报中特意提到他"勇冠一军"，被提升为指挥佥事。后来柴国柱多次荣立战功，官升都督府右都督，世荫指挥佥事。这一年，柴国柱 27 岁。

明万历年间，朝廷的昏聩无能，使得各方军事势力风起云涌，全国各地战争不断，这也恰恰给柴国柱提供了施展军事才能的机会。柴国柱因战功卓著屡被提升，并最终官至陕西总兵。

万历四十六年（1618 年），柴国柱已是朝廷所倚重的陕甘将领，奉命镇守甘肃。此时努尔哈赤向明朝起兵宣战，辽东形势危急，各地守军纷纷向朝廷告急求援，明王朝与努尔哈赤后金政权激烈交锋。在关乎两个政权你死我活命运的萨尔浒大战前，朝廷素闻柴国柱智勇双全，特地委任他为都督府佥事，命令选带甘肃镇精兵数千，并“带家丁，星驰出关”，和当时威名

柴家坟

显赫的杜松、刘綎等将军配合，与努尔哈赤决一死战。柴国柱接到朝廷命令后，挑选家丁五百人，与弟弟柴国栋星夜前往。在山海关，兵部变动将领人选，命令杜松兵将开往东北，而让柴国柱镇守山海关。萨尔浒大战，血流成河，最终以明军的溃败结束，柴国栋和五百家丁全都捐躯沙场。此时，虎墩兔又率

柴家坟

十万余众南侵，明王朝岌岌可危，柴国柱强忍住失去亲人和部下的悲痛，揩干眼泪，坚守山海关，和南下的十余万蒙古人马苦苦拼杀，保卫了北京城的安全。此后，战功显赫的柴国柱成为了朝廷倚重的军事要臣。

万历四十七年（1619 年），受名将熊廷弼推荐，柴国柱挂征夷将军印，以辽东总兵官的身份统兵驻守沈阳，期间浴血奋战，明光宗即位后传旨嘉奖。

柴国柱由于多年来过度操劳而病倒，加上当时朝中昏官、贪官、庸官从中作梗，处处掣肘，迫使他不得不上书辞职，和儿子柴时秀回到西宁。公元 1624 年夏，明熹宗刚登上皇帝宝座时，明军在东北已成节节溃败之势，这位新君听从正直大臣们的建议，由兵部传谕，再次授柴国柱中军左都督府左都督衔，到北京领命，前往东北战场，柴国柱道："时势至此，我后谁更先者。"遂抱病起程，可行至甘肃皋兰县境内时病情再次恶化，只得又返回家中。此时的柴国柱，虽有杀敌之心，却无回天之力，死亡之神正紧紧向他而来。

明熹宗天启五年（1625 年）五月二十五日，兵部又两次传光宗皇帝诏书，加授其为中军都督府左都督，命其尽快赴京，领兵出征辽东。可惜柴国柱此时已病入膏肓，一代名将"出师未捷身先死"，终因病魔逼迫撒手人寰。数千民众挥泪洒涕，把他们敬重的柴国柱将军安葬在家乡金娥山麓清水沟，就是现在的景阳乡。不久，其子副总兵柴时秀也战死在辽东战场。

两年后，明熹宗下谕，按照朝廷命官规格下葬，赐官特进光禄大夫，柱国少保，享祭家祠，柴国柱母亲被封为一品夫人。兵部尚书王象乾为柴国柱写了墓志铭，墓前建有一座石牌楼，楹柱上书“钦赐祭葬恩荣一品”；左右列石人四，石马四，石狮二。

明思宗崇祯十一年（1638年），朝廷为了表彰柴国柱功绩和他的长子柴时秀战死辽东的功绩，在西宁城修建了“父子元戎坊”。据《西宁府新志》记载，父子元戎坊是一座四柱三楼式牌坊。牌坊悬妙地顶起五脊四面的大屋顶，檐角高翘，吻兽罗列，极其工巧，这样规格的建筑在河湟地区十分罕见。父子元戎坊建成六年后，京城易帜，明思宗皇帝在煤山自缢，但父子元戎坊作为纪念前朝功臣的建筑物保留了下来。直到20世纪30年代，美国传教士先劳德·毕敬士还拍摄过父子元戎坊。

柴家墓地坐落于金娥山脚下一个三面环山的向阳谷地，大哈河和下哈河在墓园左右两侧汩汩流淌，并在墓园前的河滩中汇集成清水沟。清水沟一路向东，讲述着柴国柱的传奇故事。柴家堡大哈门村的老人柴兆年是柴国柱的后人，他的家就住在离柴国柱的家族墓地不到一百米的地方，从童年时，他就开始为柴国柱守墓、扫墓。

他记忆中的墓园宏伟壮丽。柴国柱的坟茔伫立在墓园中央，依照男左女右的规格，墓园中依次排列着柴国柱的母亲、弟弟、儿子的坟茔。柴国柱和母亲赵氏的坟茔均由黄褐色的石条垒砌而成，赵氏的坟茔明显要比柴国柱的坟茔高大许多，这表明了柴国柱对母亲的拳拳孝心。

柴家坟

根据柴兆年的回忆，上世纪四五十年代，墓园的入口处伫立着一座青石牌坊，牌坊雕龙琢凤，精美异常，牌坊下摆放着一对石狮和一对石马，童年时的柴兆年就时常骑在石马上玩耍。

青石牌坊石质坚硬，村民们时常在牌坊两侧起支撑作用的石条上磨镰刀，久而久之，石条越来越细，终于有一天，石条断裂，牌坊也轰然坍塌了。

牌坊正对清水沟。清水沟滩涂辽阔，牌坊正前方伫立着好几尊石人，石人多为武将打扮，似在守护着长眠于此的墓主人。只可惜这些珍贵的文物，如今已不知去向。

1976 年，为了修建大哈河水库，有关部门对柴国柱的坟茔做了抢救性挖掘。据当年的考古人员回忆，柴国柱的墓室十分坚固，石质的棺床上放置着一具长 2.68 米、宽 1.36 米的木椁，木椁板厚达 0.8 米，优质的柏木椁板时隔数百年竟然丝毫没有腐烂，事后村民们还用这副椁板做了一个磨坊用的匣子。

柴国柱的脸盖白绢面巾，平躺在棺椁中，身体被二十余层的衣服裹成圆柱体。

更重要的是，在柴国柱的棺椁前，还放置着一块石质的墓志铭，墓志铭详细记录了柴国柱一生的丰功伟绩，成为了日后研究柴国柱的主要依据。

传说柴国柱修建墓园的青石均来自甘肃古浪，因为石头体积巨大，运输过程中，压坏了沿途的不少农田，柴国柱体恤民情，就建议当地官员免除了这些农户的赋税，此举得到了老百姓的称赞。

在柴国柱遗骸的一侧，还摆放着一白色的布袋，布袋中装有七颗牙齿，考古人员经过比较发现，这七颗牙齿都是柴国柱生前陆续脱落、后人收集而得的。柴国柱去世时已是一位年近古稀的老人。如今柴国柱的遗骸已不知去向，墓园中的坟茔是村人根据原貌修复的。

一尊残破的石狮子曾守立在柴国柱墓前。

关于柴国柱，当地还流传着许多传说，下柴家堡村有一座占地一万多平方米的古城堡，虽然只剩断壁残垣，依然能想象出古城当年的雄伟面貌。离古城不远就是索家村。索家村里的明朝古寺宝贝寺至今香火不断，相传这座古城就是柴总兵当年的屯兵之所，有一次，柴总兵和宝贝寺的僧人下棋，柴总兵输棋后，便将古城输给了那位姓索的僧人。时至今日，古城还居住着柴、索两个姓氏的居民。

其实在大通，与柴国柱有关的遗迹还真不少。

伫立在大通县城的老爷山，是大通县城的制高点。传说柴国柱年少时，家境贫寒，给人牧羊。但他素有大志，曾向老爷山山神许愿：如果将来得志发迹，一定兴建庙宇，供奉诸神。后来，柴国柱当上了总兵，便在老爷山上修建了一座柴家大殿。柴家大殿有前后两院，内外院两厢房均是高大的楼房，供有诸多神像和柴家祖宗的牌位。

关于柴家大殿还有一个传说，一匹陪伴柴国柱征战沙场的白马走失了，幸亏得到在老爷山上修行的一位道士的指点，才失而复得。为了答谢这位道士，柴国柱遂在老爷山上修建了柴家大殿，以供道士修行之用。

建筑于明朝时期的柴家大殿已经被拆除多年，如今的柴家大殿是后人仿建的，先前供奉在店内的柴家祖宗的牌位也已换成了玉皇大帝。

英雄已逝，而他的事迹还在继续广为流传。

宗教篇

老爷山的记忆

松海藏古刹

深山有古寺

“邦克”响起的地方

朝山会

老爷山的记忆

2007 年 7 月，青海省政府公布了第二批 69 个省级非物质文化遗产名录，其中大通老爷山朝山会名列其中。

老爷山朝山会——一个独特的民俗现象，不仅承载了一座山的沧桑记忆，更是一朵璀璨的民族文化之花。

一

在青海，几乎各地都有朝山会，有“青海十八会”的说法。尤其每年农历六月初六，大通老爷山的朝山会以人数众多、规模宏大、时代久远、尤为壮观，成为亘古民风最直接的记忆。

朝拜山峰，古已有之。巍巍群山，而人如蝼蚁，顿感人之渺小，即生敬畏之心，朝敬山神祈祷幸福；而大通凭“引极甘凉，控临青海，内屏西宁，外阖蕃夷”的地理条件和优厚的自然资源，

朝山的队伍

成为历代兵家必争之地，这里朝代更替，沧海桑田，纷乱的征战，连年的灾荒，使人们朝不保夕。于是，人们在乱世中总想寻求一方能避乱祈福的净土。

大通县是一个多民族聚居的地区，境内居住着汉、藏、回、土、蒙古等 23 个民族，而老爷山以其独特的地理位置独雄一方。它集儒、释、道、伊斯兰教于一山，山脚下有伊斯兰风格的清真寺，山上又有佛家、道家、儒家三家崇拜的关公殿，还有佛教寺庙感应寺和道教古建筑，中原文化、印度文化、伊斯兰文化相互并存又各自兴旺，使老爷山成为躲避战乱、隔绝尘世的一方净土。浓厚的宗教氛围使老爷山承载着许多人祈福平安的愿望，成为朝拜对象。

二

老爷山朝山会在每年的农历六月初六如期举行。

朝山会总称为“朝拜圣山大会”，是一种民间自发组织的庙会。会长总负责，匣长管理财务，领经负责赏罚，社总怀抱一个装满竹制罚签的罐子，把竹签插在违犯会规者的帽子上，会后按竹签处罚。四个会头负责接洽事务、伙食管理、置办东西。朝山会起因是无量佛“善而修成”，朝山中提倡以“善”为本，不打骂人，为非作歹，讲礼貌和气。否则，被发现就要在帽子上插签记过受罚。凡参加朝山会者，自觉忌口，不吃葱、韭、蒜、肉；在会期间，早晚还要用柏香熏身以去不洁之气。

六月初一凌晨，朝山会负责人和请幡人就到本地庙宇去升

幡

幡。半夜的星空更灿烂，他们把幡吊在空中，点香蜡燃明灯，诵经叩拜，烧香化表。升幡的人拉起幡绳，随着铜铃声，幡下系着铜铃的长条互相缠绕起来，此过程叫“升幡”。装在其中的核桃、红枣等撒落一地，众人就哄抢来作为镇魔辟邪的吉祥物。幡用一整匹黄绸做成，上半部套成裙状，下半部剪成碎长条，每一长条上拴一虎头铃，用长杆挑起来，代表着无量佛的神位，是朝山会最重要的神圣的崇拜物。升幡时，绾好的疙瘩散开垂下，就是降幡了。

农历六月六日是正式朝山的吉日，由来自十几个村庄的数千人组成朝山队伍准备朝山了。人们站在山脚下，神情专注，跟着象征无量神的幡，进行人生中最神圣的一次旅途。

最前面是一对彩色龙凤开路旗，其次是两对煨烧着“桑赞”（桑赞由七种线香、柏树叶、十二精药、十全大补药、砂糖、白面、牛奶和一种叫“茨巴”的野生植物搅拌碾细制成，放在熏香炉内燃着，香味浓烈，经久不散）铜雕花熏香炉，拿香炉者分走于路两旁，除去路上不洁之气。朝山前人们用柏香熏身，让自己的心灵洁净，同时还要一路洁净，不说脏话，不做坏事，一切皆因神圣而变得崇高。紧跟其后的是幡。幡后是由四位身穿长袍，怀抱竹签罐、桃木剑、大刀的老人装扮的“无量佛”臣相。再后是两对长形、周围镶着齿轮形花牙子称之为“襁子”的旗帜。而后是二三十个黄绸伞形的“罩子”，用一圈圈五彩绸做成，还有用孔雀的翎毛做成的，鲜艳华贵。缀满绸缎做的长带子筒状伞罩的叫“吊儿”。人们用最艳丽的色彩，用神圣的仪式表达着对冥冥之中的神的体认。

据说天国中有一百个音符，落到地上的只有七个，音乐也

朝山仪式

可算为神的语言，因而壮观的朝山会离不开音乐的映衬。乐队是由吹奏乐队和打击乐队组成的，吹奏乐队乐器有两对唢呐、大喇叭、玉笛、鹅骨笛、玉箫、二十对“交板”。“交板”由二寸宽、二尺长的四片木板做成，每片上了油漆，系有五彩丝线穗子和香荷包儿。“交板”四片为一连，将两连分别拿在两手中，前后轮换挂拉，上下举动发出有节奏的响声。朝山队伍的最后是打击乐队，有铜鼓、大锣、大钹、手鼓、碰铃、七响、三响（七响和三响，是由七个小圆碟子或三个小圆碟子大的小锣制成的有柄排锣。一手执柄，一手拿小锤敲打）等。最后是举着各种

乐队

龙凤牌

织锦缎、彩绸、孔雀毛绸伞和彩旗的队伍。朝山路上，一路清风徐来，悠扬的笛声、清亮的佛号，回荡在老爷山崎岖的山路上，似来自远古的神秘符咒。

在朝山队伍的前后左右，最威风的要属八名炮手。他们身穿大红缎褂，手拿特制的三响石装炮，这种炮连木柄长一米，一头装有三个铁管子，上有点火眼，管内装火药、石子，炮手们用香火点火击发，响声震耳欲聋，在老爷山脚下都能听到，但无危险。

朝山人员个个神情严肃，姿态端庄，朝山的队伍拿着幡伞盖，奏着音乐，一时间，老爷山上装炮齐鸣，鼓乐喧天，花团锦簇，浩浩荡荡。人们表达着自己心中渴求幸福的心愿，老爷山因此也沸腾起来了。山若有灵，也会为之动容的。

敲“木鱼”的老人

朝山途中，人人都想着无量佛的“以善为本”，做事毕恭毕敬，如与别的朝山会相遇，双方各跪成两行，高唱“佛号”，进行比赛，要求队伍整齐，礼仪有致，以此决定谁先上山。如果会中有忘词、嗓哑、结舌者唱念不过对方时，该会社总便当场插签记过。佛号唱念完后，双方都奏起各自的乐器进行比赛，若比不过对方，演奏者便会被插签示罚，并命炮手们鸣炮。一时间，火炮轰鸣，震耳欲聋，以此收场。

各地朝山会全部汇聚在山头的时候，各种伞盖五光十色，在太阳的照射下五彩缤纷，朝山队伍整齐有序，各乐队乐声动天，山顶上人来人往，热闹非凡，蔚为壮观！老爷山沸腾了。人兮？神兮？今兮？古兮？此时此刻，每人心中都有自己的神，人人脸上都洋溢着安宁幸福之光。山头聚会后还巡回到各庙朝拜，最后都到无量大殿化表焚香，烧化旗幡，祷告万事如意，风调雨顺，宏大的朝山会就此也结束了。

三

大通文物管理所的陈荣研究员介绍，朝山会源于道教对“真武大帝”的崇拜，亦称“玄武”。相传为古净乐国王的太子，出生于三月初三,九月九出道，看见人生八苦，就到武当山修行四十二年，耐不住性子时，看见一个老阿奶在磨一个铁棒，说是要磨成一根针，他就安心修道，此后正在洞中打坐，一美女进洞挑逗，他就生气出洞追杀，追到一深涧时，女子飞越而过，他的肉身坠入深涧，五条龙捧起他的仙体。各地都有这个传说，老爷山也有这个传说。真武崇拜源于古人对星宿的崇拜，宋赵彦卫《云麓漫钞》卷九:“朱雀、玄武、青龙、白虎，为四方之神。祥符间避圣祖讳，始改玄武为真武。后兴醴泉观，得龟蛇，道士以为真武观，绘其像为北方之神，被发、黑衣、仗剑，蹈龟蛇，从者执黑旗。自号奉祀益严，加号镇天祐圣。”真武就是北方七斗星，主管水神。我国是个农业国，水在农业生产中有着举足轻重的地位。明代时,中国的经济是由水路的开通而发展的，因而真武又成了财神。真武是北斗，在星宿中，北斗主管生死，在有些地方，真武又是生育神，因此，人们对真武的崇拜是普遍全民性的。而由于真武神太大，不能在家中膜拜，所以只能去山上朝拜。

据介绍，大通朝山会可能出现于明末清初，因为宣德年间，青海就有真武庙，据说就在西宁东大街，叫永福观。明朝时，崇拜真武，各地都建有真武庙。

四

大通朝山会规模宏大，仪式神秘，人员众多，流传久远，古风犹存，颇能感受古代朝山时淳朴之民风，构成一道独特的民俗风景线。大通老爷山朝山会可算是一个文化空间，它有丰富多彩的民俗活动，又有宗教活动，同时又是民间文化的展示。朝山时，每到一处都要念各种佛号，这些佛号本身就劝人向善，揭示了一定的人生哲理，体现了道教对人生的看法，对净化人的心灵有一定的功效。另外它又是民间文化的展示会，朝山会上的各种用具都是女子的手工制品，从一定程度上展示了当地的手工艺，同时在朝山会期间，又有花儿会愉悦着人们的心灵。

朝山进行中

松海藏古刹

松接白云天不堕，林连群峰涌绿浪。

踏入北川，你不能不去鹞子沟国家森林公园，它以郁郁葱葱、四季常青的原始云杉林、落叶松和开阔的草地为主要景观。盛夏之时，松海绵绵无穷尽；隆冬之时，银波荡漾不绝期。

步入鹞子沟国家森林公园，你又不能不去广惠寺。

广惠寺，原名郭莽寺，藏语称赛科、郭莽、赞官，全称“赞博具喜圣教院”，历史又称法海寺，属藏传佛教格鲁派，与青海的塔尔寺、佑宁寺、夏琼寺、隆务寺齐名，并称青海五大格鲁派寺院。

广惠寺

其实广惠寺的前身并不在现在东峡的位置，而是在老爷山“火烧台”处。

清朝初年，西藏拉萨哲蚌寺郭莽扎仓·端珠嘉措遵从四世达赖喇嘛“到东方去，做饶益众生的事业”的教诲，到青海多

麦（今青海湖西南和黄河流域一带）弘扬佛法，先后任佛教名刹塔尔寺、郭隆寺（佑宁寺）、仙米寺法台。又住持过门源珠固寺，后来到大通东峡后，便选在老爷山西北麓平台处建寺。清顺治七年（1650年），他在青海厄鲁特蒙古首领赛钦洪台吉等人的支持下，建成广惠寺。清顺治十年（1653年），五世达赖阿旺罗桑嘉措进京觐见顺治帝，返回西藏时曾驾临此寺，为僧众讲经授法，从而扩大了广惠寺的影响。

郭莽寺建成后，有过声名鹊起的荣耀，也赶上了数次兵灾祸殃。几经沉浮，几度沧桑，阅尽人间冷暖。

雍正元年（1723年），青海蒙古和硕特贵族罗卜藏丹津反清事变爆发，寺中个别喇嘛僧徒图财图利，援助叛兵，郭莽寺无端卷进了战乱，导致年羹尧大军“歼其众而焚其寺”的镇压和烧毁，郭莽寺第一次受到重创，至今老爷山还有一处名叫“火烧台”。

战乱得到平息以后，清朝政府采取“因其教不移其俗”的宗教怀柔政策，雍正九年（1731年），题赐“广惠寺”匾额。雍正十年（1732年），从国库拨银十万两，重新修建郭莽寺。同治五年（1866年），广惠寺遭遇第二次劫难，西北回族反清起义的熊熊烈火波及广惠寺，木质大厦被烧成灰烬。同治十五年（1874年），由西宁宗教上层和蒙藏头面人物重新筹划修建，如凤凰涅槃，广惠寺再度突兀而起。据载，这次修建木材尽取于寺前鹞子沟山中，重建工程始于光绪初，历时三年，共费银57000两，修筑僧舍500间以及大经堂、五层木结构大楼、厢房等。大殿飞檐翘角，丹栋虹梁，回廊画壁，十分壮丽。僧舍、厢房小巧玲珑，新颖别致。民国初期一度复兴，寺僧增至700余众，仅活佛昂欠有12座之多。1958年，该寺有大经堂、释迦殿、夏鲁经堂、甘珠尔经堂、天女殿、护法殿等殿堂6座，僧舍420间，寺僧300多人（其中活佛9人，管家13人，干巴5人）。1958年后关闭，六十年代全部拆毁。1981年批准开放，现重修二层楼式经堂1座、僧舍34间，有寺

广惠寺

僧27人（内完德7人）。

从建寺的历史看，广惠寺始建于清初，资历并不深。就僧侣人数而言，在藏传佛教格鲁派五大佛寺中只能属中等规模。但从尊崇地位来讲，与塔尔寺等比肩而立，还拥有9座属寺，即现在门源县的朱固寺、二塘寺、加多合寺、班固寺，互助县的松潘寺，大通县的煤洞静房，甘肃天祝县的大宛寺、达垅寺等，另外在新疆塔城地区也有属寺，信徒众多。这与广惠寺住持敏珠尔活佛在佛教界的崇高地位有密切关系。

历史上，广惠寺与塔尔寺、佑宁寺、夏琼寺和隆务寺齐名，并称为青海五大格鲁派寺院之一。设有上下显宗、密宗、医明等5个学院，采用哲蚌寺郭莽扎仓教程，学经制度比较严格，尤以寺僧多通藏医而闻名。每年农历正月十五日和六月十五日有两次大型的“观经”活动，四月和九月有两次小型观经会，另在十月宗喀巴圆寂日和年终亦举行较大的法事活动。香火部落主要分布在今大通、互助、门源县一带的向化（阿藏）、新顺（加多合）、归化（班因）、兴马（夏吾奈）、那童（那楞）等五族，与上文提及的九寺总称为广惠寺的“九寺五族”，其领地包括今大通、门源、祁连、互助四县的东峡、朔北、向化、宝库、桦林、南门峡、克图、仙米、朱固等地域，东西长约200里，南北宽约30里，耕地达4万亩，牲畜有马120余匹、牛300余头、羊1500余只，森林3.5万多亩。

现寺藏有明永乐八年二月初一日大明皇帝所赐“灌顶圆修净慧大国师孛隆逋瓦桑尔加领真”的圣旨1轴，清乾隆年间钦赐的“法海寺”匾额1方，九世班禅来广惠寺时写给该寺的藏文长挂轴3幅，敏珠尔的“净明禅师之印”和原来广惠寺全景照片以及僧舍、经堂照片等。

清代，广惠寺住持敏珠尔活佛是驻京八大呼图克图之一。活佛又称作呼图克图或者胡图克图，是蒙古语的音译。这个称号是专门授给蒙藏地区佛教上层大喇嘛的，在乾隆皇帝时，规定呼图克图的转世灵童必须经过金瓶掣签仪式确认后，申报朝廷批准，才能予以承认其地位。乾隆五十一年（1786年）钦定了12位驻京呼图克图，左翼头班是章嘉呼图克图，出于青海互助佑宁寺活佛系统；二班是广惠寺的敏珠尔呼图克图。右翼头班是驻于塔尔寺的噶勒丹锡嚼图活佛，二班是西藏的济隆活佛。按照规定，这四位驻京呼

广惠寺

广惠寺

图克图列在北京雍和宫总堪布和承德普宁寺总堪布之上。他们是受清政府恩宠和信任而委以宗教重任的活佛，宗教大政由朝廷制定后，借活佛之影响力得到顺利执行，便于将蒙藏地区通过宗教手段牢牢控制在专制王朝手中。

敏珠尔活佛作为广惠寺的寺主，从建寺到抗日战争前夕共有八世活佛坐床。

第一世敏珠尔呼图克图是生于藏族家庭的隆巴端住布，他修建了广惠寺，雍正五年被清廷追封为敏珠尔呼图克图。第二世陈赖隆住布（1622—1699），藏族，在拉萨哲蚌寺刻苦学成，受封敏珠尔诺们罕名号，亦被清廷追封为敏珠尔呼图克图。第三世法号洛布藏丹增嘉木措（1700—1736），生于青海化隆县的一户藏族家庭，雍正五年被封为敏珠尔呼图克图，雍正十二年（1734 年）被选为蒙古多伦地方各寺院大喇嘛。第四世名俄汪成勒嘉木措（1737—1785），蒙古族，著有《世界广论》一书，是介绍印度和中国藏区地理的名著，有英、俄、法文译本。第五世是蒙古族札木巴尔曲吉丹增（1789—1838），乾隆五十七年（1792 年）迎驻广惠寺，后赴北京供职，并圆寂于北京东黄寺。第六世是藏族人达嚣麻林札布（1839—1881），在广惠寺坐床后，于咸丰三年（1853 年）入京，光绪五年（1879 年）受命到多伦任职，并圆寂在多伦。第七世法号俄科，藏族，光绪十七年（1891 年）由礼部监制颁“净照禅师之印”一颗，圆寂在多伦广宗寺。第八世法号多吉加（1905—1937），出生于一户蒙古族家庭，在广惠寺不久，前往拉萨赞宝扎仓（广惠寺在西藏的属寺）静修十余年。1931 年与西宁的社会贤达、宗教界人士共同倡议，创办三处小学，1933 年在南京设立呼图克图驻京通讯处，自任处长。1937 年“七七事变”前夕病逝南京。

1981 年寺院正式开放，不少僧众开始回寺，新建了僧舍、经堂、厢房等。1995 年 11 月 14 日上午 11 时，九世敏珠尔活佛洛桑·华旦益西坐床典礼在广惠寺大经堂举行。

九世敏珠尔活佛驻寺以来，寺院名声日趋扩大。1998 年 7 月 10 日，县直有关部门积极筹措资金 6.3 万余元（寺院自筹 2.3 万元），在原寺院大门口 246 米处修建了两座宝塔，塔身高为 8.9 米。一座命名为“菩提塔”，为四方型塔；一座命名为“殊胜塔”，为圆型塔。1999 年 7 月 23 日，筹集 4000 余元资金重新建树了清雍正敕赐广惠寺碑和重建清雍正勒赐广惠寺碑记。

从广惠寺望去，自东向西的黄伯垭山麓连绵起伏，鹞子沟松林郁郁葱葱，四季常青，周围土地开阔平坦，良田沃野相间。对面的东峡河，碧波滚滚，直泻峡口。与寺门遥遥相对的就是上下两层的千亩平台，群众称其为“鹤子沟台”。寺后一段山峦，奇峰对列，沟壑纵横，千姿百态，各具风韵。既有遮天蔽日、阴森肃穆的千年老林，也有刀削斧劈、怪石嶙峋的悬崖峭壁，漫步于云蒸霞蔚、隽秀婀娜、色彩缤纷的林间曲径。飒飒的天风，叮咚的泉水，犹如一曲不歇的旋律，让人如痴如醉，遐想万端。

静观碧水东流去，喜听松涛盈耳来。

古人真会选址，毕竟这里是修心之地，向善之地。

会宁寺

深山有古寺

进入景阳川，田畴纵横，百里油菜花，十里村落，鸡犬相闻，炊烟袅袅，这样的深山必定有些奇迹。

此刻的景阳土关村正沐浴在阳光下，如同一位老者在阳光中静坐，思考着怎么叙说往事。景阳川土地肥沃，土关村是一个土族村落，村小，却出了不少人才，在历史上留下了许多可圈可点的记忆。谁能想到，在这样一个小村落里竟然藏着一座明代

会宁寺

古寺——会宁寺。

会宁寺，有着城堡式的土夯围墙，墙高 7 米，墙根厚 2.3 米，墙顶厚 1.1 米，是一个边长 46 米的正方形庭院，东墙有一墩子，平时煨桑敬佛，战时做瞭望哨用。佛殿门前两棵青松拔地而起，粗有 60 多厘米，高有数十米，劲秀挺拔，冬夏长青。

这座宫殿式的四合院建筑，由大佛殿、东西厢房、南过厅、山门、伙房等较为完整和谐的建筑群构成。院内有原建的与围墙等高的 3 平方米的煨桑台（已毁，现建的小），寺院建筑面积约 2500 平方米，大殿是五歇山式结构，面阔五间，进深三间，三层斗拱，40 厘米粗的 28 根油松柱子支撑着整个屋架，屋面是灰筒瓦垅。脊和边沿有砖雕装饰，脊两边两条砖雕龙相迎而来，中间竖有三座宝塔，中间高，两边低，四角起，四条龙面向宝塔（已毁），东西厢房和过厅都是七檩两下水结构，屋顶也是灰筒瓦垅，全是松木材料。紫红色的雕梁画栋的寺门座北朝南，整个建筑雄伟壮观，结构严谨，艺术高超，古色古香，风格独特，具有很高的艺术价值。

阳光下的会宁寺安宁详和，是藏传佛教寺院。会宁寺所在地居住的土、汉民族，虔诚信奉藏传佛教，从古至今，香烟缭绕，供施不衰，佛教活动沿袭不断。会宁寺与其他一切宗教建筑一样，成为信教者们祈福、安定心灵的地方。

历史上，会宁寺曾是这一地区宗教、经济、政治、文化等合而为一的统一体。除作祈福禳灾、祈祷平安等佛事活动外，还在弘扬文化、扬善抑恶、导化民众等方面起了不可估量的作用。尤其在明清战乱频繁的年代，会宁寺曾团结附近信民为抵御外

会宁寺泥塑

患、安定社会发挥过积极作用。据《西宁府新志》载：明万历十九年，“海夷”来犯河湟地区时，曾配合政府军驱逐“海夷”。招抚部落有功，当时的西宁道按察使刘敏宽曾奏请明朝廷奖赏的条议呈文中记载“合无将西纳……瞿昙寺各大头目,大行奖赏;班撤尔、宝贝寺、会宁寺各大头目，量得奖赏，以励其效用之心”等语。

会宁寺大殿内有泥金彩塑三世佛像，中间为释迦牟尼佛，左边为迦叶波佛，右边为弥勒佛塑像，都是大型泥金彩色佛像，做工精细，别具匠心。佛像慈祥端庄，雍容大度，和蔼善良，栩栩如生，神妙莫测。

会宁寺泥塑

殿内墙壁上的壁画都用自制的矿物颜料，色彩鲜艳，经久不变。东西两侧墙壁上绘的八大菩萨，自左至右分别是：文殊、金刚手、观世音、地藏、除盖章、虚空藏、弥勒、普贤。

菩萨上方塑有十八罗汉和罗汉山。罗汉山的雕工精细，造型粗犷，山峦起伏，幽洞深涧，山景清晰。涧中佛像、宝塔意境深远；牛羊野兽千姿百态，栩栩如生。整幅雕塑勾勒出佛国仙境的胜景。

大佛殿正门两侧墙壁上绘有护法神两尊，一为一首六臂，身玄青色，面貌狰狞可怕，为菩萨化身，藏语称“贡保祥周”。另一尊为头戴骷髅冠，佩五十颗人头串成的项链，手中持有用人骨做成的念珠。一副愤怒的面孔，神态凶猛，相传为镇邪恶而变成使人毛骨悚然的愤怒面孔，藏语称“旦竖曲加”。大佛殿的天花板上和正门两侧的板壁上均写有梵文“唵”字，它既代表着六字真言，也起着文化装饰作用。据佛教说法，六字真言是佛教密宗莲花部的根本真言，佛殿内的大梁上画有两条龙，栩栩如生。

这些佛像、壁画及雕塑，虽然规模不大、艺术创作有限，但制作精细，技术精妙，形象生动逼真，色彩艳丽，是一部匠心独具的宗教文化艺术杰作，反映了较高的宗教文化艺术水平。

会宁寺是一座明代古刹。

1990 年夏季，青海省文化厅洛华桑副厅长和省文物处苏生秀处长，省考古研究所高东陆研究员、卢耀先专家到会宁寺做现场鉴定，一致认为大佛殿具有典型的明代建筑特征，是一座历史

悠久的珍贵文物，具有历史价值和建筑艺术价值，建议政府将会宁寺作为重点历史文物予以保护。1990 年 11 月 28 日，大通县人民政府正式确定其为县级重点文物保护单位。1998 年 2 月 22 日，青海省人民政府批准，会宁寺为省级重点文物保护单位。

据史料记载，公元 1368 年明王朝建立后，对河湟地区的少数民族和全国各边疆土著民族一样实行土司制度。遍设卫所，给归附的元朝旧臣及土著民族首领分别封以官位，授以爵号。让其抚其部众，谨守法度，以安疆土。同时，因其土俗，崇遵佛教，提倡修建寺院，以导化民众，安定民心。

会宁寺所在地，原为西宁州同知（土官）李南哥的辖地，明洪武六年（1373年）改为西宁卫，委李南哥任该卫指挥使后仍在辖区之内。明永乐六年（1408年），李南哥之子李英承袭父职，直至宣德六年（1431年），长达二十四年之久。其间在洪熙元年（1425年），安定、曲先二卫部众杀害朝廷派往西藏使臣乔来喜、邓诚一行，朝廷即令李英率西宁等卫及十二番族部落的士兵平息骚乱，为念及李英敬恭朝命，益殚智谋，扫平战乱，遂提升李英为右军都督。宣德二年（1427年），宣宗皇帝又下制书，褒嘉李英事我皇祖、皇考，屡著勤诚，暨承大统，益克尽心尽职，尝效劳于征战，亦强力于抚绥，时进李英为“荣禄大夫柱国会宁伯”爵位，自此，李英名声大震，煊赫一时。当时他籍其声威，因其土俗，倡导资助当地信民修建此寺，并以“会宁”伯爵位名作为该寺寺名。

从明朝洪武年间朱元璋应西宁番僧三刺的请求，赐其所居寺额曰“瞿昙”，并立西宁僧纲司，以三刺为都纲之后，河湟地区出现了“其徒争建寺”的民俗风尚。洪武之后的明朝历代帝王也采取“略地西陲，缘俗立教，加以诸，故大建梵宇，特专刺，番僧为众推服者，大为国师，小为禅师”。如此良好的历史背景，无疑是创建会宁寺的极好条件。

建寺后，从李英土司的封地内划部分土地和百姓归寺管辖，实行政教合一制，纳粮当差，自成系统，不属土司、县府管辖之范围。到明末清初，土族地区的十二部落为修建郭隆寺（佑宁寺的前身）有功，西藏宗教势力在该地区设立世袭土官昂锁一职，专管寺院事务，会宁寺划归什八洞沟夏哇尔昂锁管辖，该寺的辖地土官庄和普洞沟庄亦归夏哇尔昂锁统一管理，征粮派差。

什八洞沟昂锁共传九任，其中最后一任即出自土关村，名叫李养栋。在什八洞沟只有八座昂锁坟墓，有一任因犯法而无墓葬。民国二十年（1931 年）“改土归流”后，取消昂锁统治，政教分离，会宁寺只留下少量香粮地，其收入用来维持日常开支，遇有大的开支，则有村民摊派供应。“百姓归县，粮归仓”。会宁寺土官庄和会宁寺普洞沟庄则和什八洞沟庄一起归互助县二区，仍和什八洞沟一起向县、区政府纳粮当差。至民国三十一年（1942 年），经申请批准，始将土官庄拨归会宁寺所在地互助县第三区太平乡（现今景阳镇），普洞沟庄拨归湟中县海子沟乡。

会宁寺在“文化大革命”中遭受过严重破坏，中共十一届三中全会后，党的民族宗教政策得到贯彻落实，省、县人民政府对会宁寺的保护和维修给予了大力支持。1990 年初维修了大佛殿，彩塑了释迦牟尼和宗喀巴等六尊佛像，并按宗教仪轨奉请塔尔寺七位僧侣来寺做了开光佛事。每尊佛像下方均有十世班禅额尔德尼·却吉坚赞大师的藏文颂词和亲笔签名，并盖有私章。维修结束后，全国政协副主席、中国佛教协会会长赵朴初先生题写的“会宁寺”匾额悬挂于佛殿正门顶端，给抢修后的会宁寺增添了新的光彩。

明代的建筑、彩色的壁画、赵朴初先生的亲笔题字形成了会宁寺的“三绝”。

1995 年，会宁寺又进行了较大规模的维修，修了庄严美观的寺门、画廊以及辅助用房；重塑了三世佛的大型泥金彩色佛像，在东西两侧墙壁上的罗汉山上重塑了十八罗汉的彩色佛像，座

座佛像慈祥端庄，雍容大度，金碧辉煌，陪衬着佛衣华盖，显得格外庄严肃穆。同年 9 月全部维修工程竣工后，邀请塔尔寺赛赤活佛及 15 位僧侣来寺按佛教仪轨举行隆重的开光佛事，赛赤活佛还从民和文家寺请来 20 多位僧侣举行了声势浩大的跳欠观经活动。

安装在大佛殿屋脊顶端的如意宝塔，在阳光的照射下，金光闪闪，五颜六色的哈达在微风中轻轻飘荡，成为信教群众的心灵庇护之所。

“邦克”响起的地方

踏上北川大地,你会在回族村落里听到清真寺传来的“邦克”声，那声音绵长、委婉，带着中亚风格，随即你会看到回族老汉们三三两两地走向清真寺礼拜。“邦克”是宣礼词，是对穆斯林五时礼拜的召唤。

大通，这块状如桑叶的美丽土地上，繁衍生息着汉、回、土、蒙古、藏，多民族文化的交融，使这块土地显得异彩纷呈。大通有近 13.4 万回族，他们分布在桥头、极乐、良教、城关、塔尔、新庄、桦林、石山、景阳、岗冲，长宁甘沟门、后子河等乡镇、村。大通回族的分布跟全国回族分布格局一样，大分散、小集中的情况比较明显。围寺而居的信仰传统和民族意识形成了“有穆斯林就有清真寺”的基本特征。而清真寺建筑艺术则构成了大通——河湟流域多文化一体化格局。

“清真寺”一词是从阿拉伯文“买斯直德”意译过来的，即向真主叩头的地方。根据穆斯林的理解，真主清净无染、独一无二，是真正的主宰，清真寺内清洁无物，没有偶像，没有与教义不相宜的陈列和设备，是一个崇拜真主的宗教活动场所。

清真寺作为伊斯兰教建筑，它的功能是综合性的。第一，宗教功能。清真寺是人们聚众礼拜的场所，因此构成了穆斯林围寺而居的居住特点，一个村落、一个社区以清真寺为中心形成了一个者麻尔提（阿拉伯语，意谓群体、教坊）。阿訇、教长常居其中，为人们宣讲教义、教法和带领人们进行每日的五次礼拜。同时，清真寺的水塘为人们提供了沐浴清洁的便利，除每天的五次礼拜外，每周五（主麻日）聚礼和两个“尔德节”的会礼，所有的男性穆斯林都要参加。庄严肃穆的大殿建筑和殿内的装饰经文使置身其中的人们产生一种强烈的敬畏感，无形中强化人们的宗教意识，使人们的宗教情感得到升华。

第二，教育和文化传播功能。在古代，清真寺不仅是穆斯林参加宗教活动的地方，而且也是穆斯林聚居地传播文化和接受教育的中心。西北很多地方把清真寺称为“学堂”，尤其明代嘉靖年间陕西咸阳渭城经学大师胡登洲（1522—1597）创立经堂教育培育后人，以陕西为中心传遍全国各地，各地清真寺与本地经济、文化、历史发展发生密切联系，形成了不同思想学派，有山东学派、云南学派、陕西学派等。虽然各地推崇的经

中国传统古典式清真寺

籍微有不同，对阿拉伯文、波斯文乃至汉语重视程度及讲授方法亦有差异，但教学宗旨和信仰核心一致，同中有异，异中有同，弟子之间相互交流，相互切磋，故门户之见不重，很少发生排拒及攻讦事件。随着经堂教育制度的兴起，各地清真寺都设讲经堂，穆斯林儿童从小就被送到经堂接受启蒙教育；年纪稍长，则在阿訇经师的教导下学习《古兰经》和圣训中的内容，接着继续学习阿语语法学、修辞学、教法学、认主学和波斯语文学。

等学习完俗称的“十三本经”之后，苦读数年甚至十几年的学员就可以“穿衣”（毕业）开学了。为了强化伊斯兰教育，有些较大的清真寺还开设了妇女班、成人班，在阿訇的指导下学习信仰知识、《古兰经》诵读和教法知识，对传播伊斯兰文化起了积极作用。

第三，交往和艺术功能。由于受“凡穆斯林皆为兄弟”圣训的教诲和“天下的买斯直德是天下的穆斯林修建的”教义影响，只要是穆斯林，无论肤色、民族抑或地域等各种不同的人，清真寺的大门都是敞开的。清真寺在为人们提供礼拜处所的同时，也为他们提供了会面的场地和互相交流的机会。人们借此机会学习知识，增长见闻，传达信息，交流感情，促进团结。伊斯兰教反对偶像和多神信仰，主张清洁朴素的生活方式。最能体现伊斯兰教艺术特色的是它的建筑。礼拜大殿、唤礼楼、学房、大门等一系列建筑本身就是一项极富宗教文化和地域特色的艺术。清真寺里存有大量的阿拉伯经文绘饰和几何图形及花草图案，这些绘饰形成了清真寺建筑的一大特点。

大通的清真寺建筑依据创建年代可分为两种类型：一类是明清以来形成的中国殿堂式建筑，这种建筑大量吸收了中国传统砖木结构的四合院式建筑风格，具有强烈的中国传统文化特点，即沿着一条东西向的中轴线建成礼拜大殿、南北厢房、唤醒阁和大门等主体建筑。礼拜殿由前卷棚、殿身和后窑殿三部分组成，三个部分一般都有大木起脊的屋顶，上面用勾搭连形式连接在一起，形成一座完整统一而又立体的大殿建筑。殿堂建筑中的几何图形和花草形图案装饰及各种书体的阿位伯文突

塔尔清真大寺

出了伊斯兰教的宗教内涵，同时还具有中国传统庭院艺术特点，栽花种草、植树绿化，肃穆中现出一番生气。

另一类是当代新建的阿拉伯穹顶式建筑，大殿上面建成绿色穹顶，顶上一弯银色新月，殿堂装饰淡雅素洁，雕刻彩画不多，注重整体色彩。有的大殿上面有一组（一大四小）穹顶，有的大殿上面只有一个穹顶，绿顶银月，在阳光的照射下熠熠生辉，体现出河湟流域伊斯兰文化的民族性和时代气息。

伊斯兰教传人来青海河湟地区最早是在唐代天宝至贞元年间（724 年—804 年），“考回教之人居青海始自唐代，时回教传教主率领教徒，由新疆沿祁连山而入青海，于是青海省各县始有其足迹，大部分散居于黄河、大通、湟水各流域之地”。元初，阿拉伯传教士固土布·兰巴尼·尔布东拉率信众来西宁传教，归真后葬于凤凰山。其弟子穆罕默德 · 麦亚迪带随从 21 人来到北川一带传教，后长期居留于此。据《大通县志》载，清雍正年间，大量回族渐次从河州、甘肃、西宁等地迁入大通，日增月盛，形成了大通回族大分散、小集中的居住格局。清真寺是穆斯林的精神家园，是伊斯兰教传入该地的最主要标志。据有关碑文资料和口碑资料，清代到新中国成立前的这一时期，清真寺建筑风格为古朴庄重的古典式殿堂建筑。这种中国古典式建筑从良教乡上治泉、药草滩、塔尔湾、桥头、城关、甘沟门等清真寺中得以具体体现。

大通县较有影响的清真寺有：

1. 良教乡上治泉清真寺。该寺最早建筑年代不详。同治十三年（1874 年）重修，民国十六年（1927 年）在时任青海省主席马麒的倡导下，经全县汉、回民族的团结互助，该寺得以重新修建，寺院建筑规模较大，全部建成后勒石立记，今碑文尚存。1966 年“文化大革命”期间被拆除，此次浩劫使古寺建筑文物损失殆尽。中共十一届三中全会以后，随着民族宗教政策的不断落实，1980 年，信教群众在原址重建清真寺，经过二十多年的风雨，当时草建的大殿已不适宜信教群众的需要。2005 年又捐资修建了砖木结构、雕梁画栋、琉璃瓦上顶的古典式大殿、南北学房、大门和唤礼塔等建筑。新修建的清真寺承先启后，富丽堂皇，成为北川地区寺院建筑的一大景观。

2. 塔尔湾清真寺。塔尔湾清真寺最早修建于清乾隆十五年

上治泉清真寺

（1750 年），民国十三年（1924 年），因原礼拜寺年久失修、规模较小而且方位不正等由，众人都有改建重修之意，但力不从心。适逢时任甘边宁海镇守使马麒重视倡导，由乡绅韩祥臣先生慷慨出资，以一身之任承担了清真寺的改建工程，自暮春开工，历时多半年，至秋后竣工。清真寺完全按照中国传统古典式风格建筑而成。据记载，全部工程由大殿、南北学房、唤礼楼、大门等组成，气势颇为宏丽。为了表彰韩祥臣先生功德，遂勒石纪念。此碑里面有字，碑名为《韩祥臣先生独立改作清真寺德政序碑》，碑面 125 厘米 ×75 厘米，面刻 80 厘米 ~60 厘米，汉文残存 19 行楷书。有碑额，碑面四周有花卉几何形图案。通碑五分之二(下半部)已毁。清真寺在1958年宗教改革时被拆毁。1980年信教群众捐资32万元新建了砖木结构大殿七间，以及学房、唤礼楼、水房、大门等相关建筑，占地面积3542平方米，其中建筑面积1098.37平方米。经过二十多年的风雨侵蚀，大殿已成危房，满足不了信教群众的需要。经过筹资，于2003年4月由甘肃临夏市古建公司二队开工承建，对清真寺大殿和学房进行了全面改建，历时230天，于2003年12月竣工。主体工程和配套设施总造价185万元，大殿建筑面积1500平方米，寺院占地面积3600平方米。改建后的大殿全部采用阿拉伯式建筑风格。进门是宽敞的院落，沿东西中轴线前行，迎面砌有20级大理石台阶，拾阶而上，新建的穹顶式大殿坐落在整个台上，32根大理石柱子环绕大殿四周，形成廊台。礼拜殿分为两层七间，殿内南北两边楼梯直通二层礼拜殿。大殿顶部中间为圆形拱顶，南北两边为两座圆顶阿拉伯式唤礼塔，左右对称，交相辉映，三弯新月在阳光下熠熠生辉。与大殿相配套修建的两边

极乐后庄清真寺

学房，南北相望，衬托大殿。整个建筑简洁明快，构成了一副安宁、和谐的景象，彰显了中国传统文化和伊斯兰文化的有机融合。

另外还有甘沟门清真寺、城关毛伯胜清真寺、药草滩东西庄清真寺、极乐清真寺、寺嘴清真寺、新庄清真寺、岗冲清真寺等全县较大的清真寺，总体来说，全县116座清真寺，最早的建筑年代大约在清雍正年间。新中国成立前的建筑风格基本上保持中国传统的古典式殿堂建筑艺术，有的简陋一点，有的华丽一点。从前人们将药草滩清真寺和极乐清真寺称为姐妹寺，据口碑资料，两寺设计者为同一个人，且砖雕和木雕艺术十分精美，飞檐斗拱，唤礼塔为三层八角砖木结构三层，在大通县东西两地遥相呼应,气势颇为壮观。可惜这种建筑文物在“文革”期间被拆毁了，许多文物和匾额无存，目前药草滩东西庄清真寺门口尚存原青砖照壁一处，其几何图案的砖雕艺术在大通境内首屈一指，令人叹为观止。

改革开放以来，大通的清真寺建筑风格相对于以前就显得自由明快、异彩纷呈了，但从总体来看，中国传统木结构的古典建筑风格，仍为清真寺建筑的主流文化。大多数清真寺大殿为古殿式建筑，而唤礼塔则为阿拉伯式圆柱体尖顶建筑，这也是中阿文化融合的具体体现。

当黑暗被黎明的曙光渐渐冲淡，北川大地的轮廓在人们的视野中逐渐清晰，寂静了一夜的回族小村庄在清真寺的“邦克”声中醒过来了，鸟儿们欢快地飞来飞去，人们又开始了一天的劳作。

风景篇

奇峰突兀北武当

夕照流金娘娘山

百里山水画廊

隐在深闺人才识

喜听松涛盈耳来

奇峰突兀北武当

北川河是从亘古走来的美丽姑娘，一路且歌且舞，永久定格在舞蹈纹饰的彩陶盆上。老爷山就是北川河旁的伟丈夫。在月升东方之时，牦牛山则是月光下的睡美人，而老爷山就是她的守护神。他耸立于北川河畔，见证着大通的风云变幻，百年沧桑。

早在西汉赵充国屯田以前，这里全是青青的草原，牛羊满山，牧歌四起。静静的北川河温柔地萦绕于老爷山旁。老爷山奇峰突兀，遂成了当地的圣山。

一

老爷山系马鞍山一山峰，又称“元朔山”、“北武当”。

其山势呈“西北——东南”走向，高差悬殊，主峰海拔2928米，相对高度达500米。整个景区山体母岩为中震旦纪石灰岩，岩层由下而上分块状白色或灰色矽质灰岩、条带状遂石灰岩及黑灰色角砾状灰岩等，层厚1000余米，与震旦纪地层呈断层接触。

在漫长的历史长河中，历经沧海桑田的巨变，不断的风化和水蚀，构成了奇特怪诞、险峻挺秀的岩洞、峡谷地貌，以“苍松蓊翳，石磴盘梯，川流萦带，风景佳丽”闻名遐迩。

步入仿古山门，巨石上的“老爷山”三个大字迎面而来，仰望山顶，山势突兀，前山悬崖绝壁，怪石嶙峋，虽有石阶，低首俯瞰，不免惊心动魄。半山腰奇险无比，以铁链横空，铁

老爷山花儿文化长廊

链上被热恋之人锁上密密层层的同心锁，添了一些温情。

扶链遥望，远方山峰相叠，烟云浩渺，视野顿感开阔，当地有“上了老爷山，仰绊肚儿摸着天”的谚语。北川河东峡河一路走来，在老爷山旁留下妖娆的倩影。若从南坡上山，登上朔山云梯，两边万丈深渊，有“华山之险”。或许人一登高山，顿生渺小感，更能定位自己的位置，孟子说“孔子登东山而小鲁，登泰山而小天下”，王维则有“遍插茱萸少一人”的悲哀，清代贡生赵遐庆登老爷山时也写下一首诗：奇峰叠叠水汤汤，林壑森然比武当。身外云烟心上事，偶逢山鸟语斜阳。想象着与山鸟共同说着夕阳，顿生沧桑人事。

而清乾隆年间谢陛则不然，他在《元塑山谒太元宫》诗中写道：振衣高叩碧琳宫，石磴盘虚曲曲通。仙仗绕庭临帝座，雄图控虏借神功。天垂北斗悬梯上，云压西山挂殿中。万里壮心思出塞，长驱青海欲从戎。其壮心万里如虎，让人奋起。

步入后山，柳暗花明，别有洞天，这时老爷山便是一位有内涵的女子，幽静，坡度逐渐和缓，到处翠松杂树，山道盘旋，宛如羊肠。老爷山的美在于它的层次感，老爷山植被生长茂盛，计有百余种植物，春则万木叶青，春意浓浓；夏则佳木繁阴，丹崖翠壁；秋则山山红叶，层林尽染；冬则银妆素裹，玉砌山峦。威严的将军岩，诉说着远古的沧桑巨变；栩栩如生的金蟾望月，构思着老爷山的神话。或长啸于松云间，或登临巨石，述远古幽思，未尝不尽心也。

二

老爷山的魅力不仅在于它的雄奇险峻、丹崖翠壁，还在于它蕴含的深厚的宗教文化。

滔滔的北川河从古流到今，从上孙家寨出土震动中国的舞蹈纹盆以来，大通已有两千余年的历史。这方高天厚土，有着唐蕃古道风姿，有着丝绸之路神韵，岁月在这里积淀了丰厚的文明，更有那朔山雄峙，奇峰万仞，金娥烟云，湫池不涸。

大通于青藏高原东北部，地处中原，通往中亚，在西藏的通道上，是丝绸之路的南路，因“引极甘凉，控临青海，内屏西宁，外阖蕃夷”之固，西汉时便在此修城筑堡，中原文化、印度文化、阿拉伯文化在这里交汇，汉、藏、回、土、蒙古等多民族多元文化，使其有了独特的人文景观。

老爷山脚下矗立着具有伊斯兰风格的清真大寺，此寺建于民国初期，有双檐歇山单卷棚式礼拜大殿，可容纳千人礼拜。唤醒楼有浓郁的阿拉伯风格。每至开斋节，人们穿戴一新，头戴白帽，云集于此，祈求两世吉庆。每天清晨，山下清真寺中“邦克”声声，山上感应寺中钟声悠扬，都表达着共同的心愿——祈求永恒的幸福。

而一进仿古山门就是关公殿，供奉庙内供奉着关羽塑像。左周仓,右关兴。四壁是关羽经历的绘画。关羽也是唯一被佛家、道家、儒家三家崇拜的神，佛教当他为护法神，道家、儒家当他为“忠义”象征，尊称为“关圣帝君”。

半山腰上是佛教感应寺，其中有释迦牟尼佛，其左侧为藏

鸳鸯亭

传佛教宁玛派（因寺僧着红帽，又称红教）始祖莲花生大师像。火烧台上原有郭莽寺，雍正年间因罗布藏丹津叛乱而被拆，后又扩建于东峡，是青海省五大佛教寺院之一的“广惠寺”。1995年九世敏珠尔活佛驻寺以来，寺院名声日趋扩大，现已成为大通地区最重要的宗教文化学府和宗教文化中心。

山顶原建有药王庙、玉皇宫、百字宫、柴家殿、无量殿、

老爷山感应寺

斗母宫、太元宫等一批道家古建筑，这些道家建筑都体现了道家“隐于空山，羽化为仙”的追求。清人祁松年游老爷山时写的“林深藏古寺，境静出尘寰”入木三分地道出老爷山的超然出世，令人神往不已。

最有人情味的还数老虎洞，它在西北山峦之间，上面嶙峋怪石，下面层列茂林。山势这里最险峻，风景这里最幽雅。

“相传此洞昔日有虎雄踞，后因游僧居此，虎乃逸去。明时俞安期题名为‘慈藏’。北有巨石高二丈许，清乾隆间，西宁府监司龙膺在石上题名‘海藏’，后人塑像修建，规模渐大。”

过去，无儿女的人们，从四面八方涌到此处来求子。洞内塑有一只老虎，大如牛，卧在洞左，中间为子孙娘娘塑像，左有孔隙一方，为还愿者投置钱物之所。洞右有一门，仅容一人出入。凡求子女者，先入内焚香许愿，然后进洞摸索，若得鞋袜，则为生儿育女之兆，翌年，另制鞋袜还放洞中，以了其愿。若摸遍石洞，不得一物，则为无子之兆。

清末诗人基生兰的诗最有生活意味，他在《元朔山老虎洞竹枝词》中写道：崎岖石径傍危崖，绿绕洞前密树排。娇稚裙钗也冒险，暗中摸索小红鞋。摸得小鞋拱壁洞，芙蓉面上带春风。殷勤试向郎君问，何日重来此山中？

一位摸得小鞋后一脸幸福模样的妇女形象，其祈子之心切跃然纸上！

2005 年，CCTV“一路顺风”栏目组来大通县老爷山采风，热情的民众当场一展歌喉，以热情奔放、曲调丰富的大通花儿给八方宾客留下了深刻印象，使他们领略了花儿文化的艺术魅力。2005 年，大通回族土族自治县被国家文化部命名为“中国民间艺术之乡”。

老爷山“六月六”的花儿会热烈奔放，场面宏大，历史悠久，

漫花儿

影响深远，于2006年5月20日列为第一批国家级非物质文化遗产。2008年3月，马得林被评为第二批国家非物质文化遗产老爷山花儿会传承人。2010年、2011年大通全力打造了两届“中国青海老爷山花儿会”，一时间，老爷山上游客云集，人如潮，歌如海，老爷山花儿会以其独特的魅力展现在人们眼前。

如今的老爷山面临巨大的发展际遇，大通县委县政府正斥巨资全力打造老爷山旅游精品，建设周边地区景观，改变老爷山基础设施，老爷山正用全新的姿态迎接着八方来客！

夕照流金娘娘山

金娥山俗称娘娘山，位于大通桥头镇西侧，距县城 5 公里。它是祁连山系的支脉，起于黑林，止于景阳川，环绕县境西南部，首尾 50 余公里。主峰海拔为 4010 米，总面积约 100 平方公里，与老爷山遥遥相对。《后汉书》和《汉书》都曾称之为“昆仑”。《大通县志》描述：“金娥山，九面芙蓉，巍峨万仞，夕阳西照，辉接层霄，射目光芒，流丹映碧。”大通古八景之一“夕照流金”即指此山。

山行三四里，烟村四五家，便至大山脚下，放眼望去，清翠如画，山清水秀，红艳野果星星点点，时而娇艳于绿树枝头，

娘娘山风景区

时而弯腰临照于清水溪畔。徜徉其中，陶渊明“采菊东篱下，悠然见南山”之景悠然而来。不过陶渊明的南山是宁静之后的欢快，金娥山是欢快之后的宁静。你听，天籁之音于此铮铮作响，山泉九曲十回，极尽因地赋形之妙，淙淙而出。望峰息心，空灵之鸟憩于枝头，或高飞于空，几句清唱，空谷传响。

时日，艳阳高照，晴空一洗，不需高朋之满座，不需觥筹之交错，相约二三知己，捎一两个洋芋萝卜，即可成就山中宴席。

以天为幕，以地为席，以方石为桌，取两三石头，支锅于其上，添一点山泉水，放一锅洋芋，拾几根干柴，就有一顿飘香的盛宴。

山中柳梢皆含油，虽为湿柴，火势炎炎，未过多久，久违的洋芋清香便飘逸出来。此时，蝴蝶翕动于头顶，羊儿相随于旁，或走或停，或卧或起，无贪婪之相，无饕餮之状，一副安宁祥和之态，此为《诗经》里的“羊牛下来”！

闻着泥土的清香，尝着洋芋的香味，纵有肥美之食而不动心，名牌之衣而不觉靓，“宁抢手里的洋芋，不抢手里的羊肉”一语道破天机，这是真正的大地的清香，大地的味道，古有农人赐土与公子重耳之事，如今看来，也自有深意。

相传西王母挑两山不远千里，路过此地，遇一老者，老者惊讶于山之大、担之细，他的“折”字一出口，扁担一分为二，西王母无奈中躲进前山修行，这就称为娘娘山；老者一看闯了祸，愧意有加，躲进后山修行，这就是老爷山。

顺山路而行，有奇石嶙峋于道，旁边古木耸立，乱石倒悬，走了许久，果然有一小庙，建于半山腰，破旧凌乱，显出年代之久远。

据史载，公元609年（隋大业五年），隋炀帝率军及文武百官、嫔妃和各种服役人员约十万之众巡于河谷（河西的别称），亲征吐谷浑。五月进入西平（今西宁市）以北的长宁谷，在金山（又名金娥山）大宴群臣。

当时此地人来人往，旌旗飘飘，烹牛宰羊，隋炀帝挑中了别有洞天的娘娘山，他的胞妹乐平公主前北周天元皇后随征，因受不住高原寒气殂于此，故称此山为娘娘山。隋炀帝万分悲痛，恰在此时，飞来无数白娥落满坟地，隋炀帝认定是“天地吊唁之兆”，改金山为“金娥山”。后隋炀帝西征胜利，起兵东还，留兵吏驻扎于长宁，并在金娥山雄伟秀丽之地修一“金山圣姥庙”，以示纪念。后因“年久失修，遂致倒塌”，人们便把这

里称为“塌庙台”。“塌庙台”旧址如今重修了“金山圣姥庙”，雕梁画栋，飞檐斗拱，规模宏大，气势雄伟，内供彩塑神像各具神态，形象逼真。还有“三官庙”、“山神庙”“雷祖庙”等不一而足，均塑有佛像，且回廊画壁，十分壮观。每年“六月六”期间，这里会举行规模盛大的庙会，四面八方的游客摩

新建筑群

肩接踵，络绎不绝。

出“金山圣姥庙”，顺山路而行，时有蝴蝶翩翩于林间小道，山顶有一湫池，久旱不涸，云蒸霞蔚，腾云驾雾。按理说，在海拔4000多米的顶峰有水泊就奇了，但古时记载此池洋洋大观，有百余亩，那当然属于奇迹，说它常年积水，久旱不涸，更可谓奇绝。民间传说这水直通青海湖，并把它与西王母瑶池等量齐观，增添了几分神秘。

每年农历六月六午时，一团云准时从娘娘山升腾，直扑老爷山，雷过雨停，青山绿水历历在目，当地百姓称之为洗山雨，气象学家对此惊奇不已。时逢大旱，附近百姓多去娘娘山祈雨。

春夏之季，便有金娥飞舞于野花丛草间，五彩斑斓，飘飘洒洒，如翩翩起舞的精灵，或飘逸于这清风雾岚之中，或小憩于花瓣之间，或比翼双飞于山间小道。

我想能想出“金娥山”名字的人一定是个隐士，隐居于这个世外桃源，无案牍劳形，无丝竹乱耳，煮一壶清茶，就一口野果，抬头之间，夕阳在山，金娥满天，群山金光闪闪，真是“谁解此中意，欲辨已忘言”。

清代廖徯苏还为此景写下意境高远之词：

夕照流金

南望好山多，秀绝金娥。夕阳横落浅深坡。照澈芙蓉经有晕，玉面婀娜。

诗景费摩挲，采入樵柯。一肩归去竟好何？呼得老妻烹酒醉，终夜狂歌。

无独有偶，民国八年（1919年），时任大通县知事合肥人刘运新也作过绝妙的描绘：

九面芙蓉，巍峨万仞。
夕阳西照，辉接层霄。
射目光芒，流丹映碧。

刘运新还用极富想象的笔法写了一则采樵人的奇遇：

“父老相传，左有樵柯，已通仙籍。山麓樵沟，盖其居也。尝于此中樵采，遇一道士，相与言曰：‘山石穹窿，以金作骨，夫金西方之灵也。子能得其精气，来日吾当跨鹤相迎。子可谋诸妇，取觞酒为乐，吾将引子作三山（古谓海上三神山）之游’樵人如期而往，竟亦不知所去。”

这又是新《桃花源记》的青海版了，

娘娘山北瑶池

不过奇得让人神而往之。

想必清代的廖傒苏、民国的刘运新也曾一三人为伴，呼伴携酒，神醉于这金娥夕照中，徜徉于金娥之巅，满山夕照，山山落晖，金娥飘飞，山兮！人兮！蝶兮！姑且老夫聊发少年狂，狂歌一曲任逍遥！

百里山水画廊

驱车向北，经过峡门桥，百里山水画廊——宝库峡就在眼前徐徐展开。

宝库三面环山，蜿蜒起伏、层峦叠嶂的大坂山横亘北境，犹如一幅巍峨壮观的天然屏风，纵立于大通、门源两县之间，是西宁、大通通往海北与甘凉的必经之道。据民国《大通县志》记载："去县城四十五里，居浩门河之南，壁立千仞，自西至东横亘二百余里，划然天地，界分南北，沿梯而上，怪石嶙峋，曲道萦纡，林木翳荟，山泉汇涌，为通甘凉之道。"

宝库古名"拔科"，后来人们都称为"宝库"，宝库幅员辽阔，草场丰茂，森林密布，总面积达 1100 多平方公里，占全县总面积三分之一以上，有着丰富的矿藏、动植物、水利等资源。

宝库拥有全县最大的林区和草场，是青海省确定的天然水

源涵养林自然保护区。难以数计的苍松古柏，各色桦树、白杨浓荫遮日，遍布全区。据统计，除国有天然灌木林、乔木林50多万亩外，还有以青杨为主的人工林3000多亩，森林覆盖率

宝库峡

宝库风光

达 28.69%。其中宝库沙棘（即黑刺）林总面积为 28727 亩，占全县沙棘林的 27%。沙棘经济价值较大，大有开发前途。还有酸瓢儿、梅子、马奶头、羊奶头、枇杷、地瓢儿等等，一簇簇、一丛丛，满山满坡，举目皆是，万紫千红，美不胜收。林区有种类繁多、珍奇名贵的狍鹿、大鹿、野马、黄羊、香子、熊、豹、雪鸡、野雉等珍禽异兽及多种名贵药材。宝库还有萤石等多种地下矿藏，储量近 30 万吨，是我省发展炼铅工业和冶金工业的重要原料。

从峡门桥到大坂山，奇峰错列，众壑纵横，连绵逶迤的山峦形成了一条长约 60 公里的峡谷，这条峡谷就是一幅山水长轴画卷。画卷内长岭逶迤蜿蜒，岗峦峻拔轩昂。峭壁奇岩纷呈，

黑泉秋韵

秀石奇秀琳琅。满目苍翠，遍地野花。山清水秀，牛羊满坡。阡陌如网，桑梓接连。屋宇相望，村舍棋布。宝库魅力，峡谷风韵。

宝库峡景区主要由黑泉水库景区和察汗河国家森林公园组成。区内有由温泉、奇峰、瀑布、水库等自然地貌构成的奇特旅游景观，既有江南风光的秀美，又有青藏高原的雄伟、粗犷和险峻。

佛沟——佛沟不深而山势较陡，桦林杂居的丛林显得有些稀疏，突兀冷峻的岩石则似乎更多一些。最有名的是山顶那块向前扑出一半左右的悬崖，叫神仙架。据传，古时有神仙欲架桥连接西北二山，以事修炼之便。不料上苍不允，因为真正的修炼无捷径，架天桥是投机之举。因而石桥未果，却留下了让人遥想又让人沉思的神仙架。

画屏山——画屏山主峰在今宝库乡五间房村处。它南至城关，北通甘凉，山势迤逦，轩敞如屏。春夏之交，啼鸟嘤鸣，野花丛杂；夏秋季节更觉天高日晶，形成一幅天然图画。大通古八景之一“画屏秋净”即指此山。清末民初,廖徯苏填词赞道:“山势画屏开，六曲平裁，西风无限送秋来。落尽腥红山径晓，霜叶成堆。此境隔尘埃，点绝莓苔。天峰倒影入楼台，一片浮光都扫尽，小胜蓬莱。”

泼水佛——黑泉水库大坝东下侧的公路边，有一巨大石崖翼然兀出，如刀削斧凿般平坦的石面上，一尊浮雕般的佛像笑盈盈盘腿坐在莲花丛中，面容安详和善，栩栩如生。但此佛一般并不显身，只有在善男信女或游客净手焚香后，将洁净的甘泉泼于其上方才显现，衣冠褶纹清晰可辨，因而人们称其为“泼水佛”。关于此“佛”，附近村民还有许多神奇的传说。

黑泉水库——黑泉水库位于宁张公路 73 公里处的宝库河上，黑泉水库是一座以农业灌溉为主，兼备防洪、发电、环保效益的大型综合水利枢纽工程。整个工程由砼面板堆石坝、溢洪道、主流放水洞、灌溉发电洞、电站厂房及升压站、供水工程组成；最大坝高 123.5 米，总库容 1.82 亿立方米，为我国在建同类坝型中的第三高坝。“高峡出平湖”便是黑泉水库的真实写照，5.34 平方公里的水面，将两岸青山翠谷倒影无余，边麻梁半岛将水体视觉一分为二，使高峡平湖既富于圆润流畅又极尽曲折变化。乘船逆流而上，便发觉这里不是三峡胜似三峡，

宝库石林

不是漓江胜似漓江。尤其是祁连群峰的皑皑白雪与近处极富层迭变化、起伏动感的天际线交融生辉，给人一种高远圣洁之感。

温泉——在宝库河上游雄奇峻拔的月牙山下，有5处相近的温泉，摄氏48℃的泉水在海拔3750米的岩石边以每秒0.15立方米的流量冒着气泡，喷涌不息。清澈透明的泉水，甘淡适中，既可饮用，又可医治多种疾病。

石林——石林总面积为1平方公里，属高原冰蚀地貌。山脊石林群峰绵延数里，千姿百态，巍然屹立，有的像塔，有的似兽，有的如人面，还有的似古堡。站在石林之巅眺望远山旷野，可尽情领略雄浑粗犷的高原风采。牧帐点点、青犊黄犬、羊群如云、马群似龙的巴音风光，更使游人难忘。

大坂山隧道——大坂山隧道全长1530米，净宽8.5米，净高4米，缩短里程5.2公里，它是屹今为止海拔高度居亚洲第一、世界第二，第一个在洞口设置了隔风保温门，采用并实施了国内外先进的防冻害、防渗漏措施的隧道。它的通车，使“千难万险的鬼门关，比不上风雪的大坂”成为历史陈迹。

宝库河是宝库峡的生命之水，也是大通的主要河流之一，有支沟80余条，涵养着宝库地区1000多平方公里的田地、草场和森林，养育着宝库地区7000多勤劳勇敢的土、蒙、藏、汉等各族人民。据史料记载：“去县城西北四十里，为县治南条诸水之总。初名博罗冲克河。东流穿拨科山峡，东折向南，挟渚小水，至县城北会黑林河，由北而南会东峡河，合名三川河，南出新城峡，入西宁之北川，是为苏木莲河，又南出西宁城之北岸会于湟水。”

宝库河周围还有许多清澈澄碧、星罗棋布的泉眼，像一面面五光十色的明镜，滚珠溅玉，更像一簇簇斗芳争妍的鲜花，竞相开放，形态各异，使你眼花缭乱；环涧泉，水流曲折，其形如环；汤泉、乱石如火灼，其水如汤；向西北行 5 公里，

宝库风光

有白石泉；更为有趣的是麒麟窝，水流回旋，宽有2丈，深约3丈，隆冬时沙飞石走，两岸结冰。波光粼粼的小河，有的来自黑森森的深涧，有的出于郁葱葱的丛林，有的从山腰漫出，有的自断壁飞来，它们真像一群天真无邪的孩童，亲密无间的姐妹，在蓝天白云之下，在绿的世界、花的海洋里汇成了一曲浩歌绝唱，回荡在山间。

每至盛夏，游客纷至沓来，有的在幽静的峡谷之间，搭上白色帐房，傍水而坐，杀鸡宰羊，行拳猜令，共享天伦之乐；有的攀登高峰，引吭高歌，俯视大自然风光；有的干脆席地仰卧静观蓝天白云，呼吸大自然之灵气，静心领略这世外桃源之胜景，不亦乐乎?

隐在深闺人才识

人人喜欢旅游，可是游来游去，至到最后，那些景色全都模糊起来，似乎所有的印象都淡了，虚了。

或许时时带着发现的眼光，带着平静的心，眼到之处，即为心景。看山也有境界，看山是山是一种境界，看山不是山是一种境界，看山还是山又是另一种境界。

对于祁连山支脉大坂山的察汗河来说，你只有带着平静的心才会有发现。当你远离城市，远离喧嚣，进入百里画廊宝库峡，你的目光扫过那连绵的青山，你的耳边响着一条河，你的鼻子里闻到不可名状的香味，久违的平静就会如期而至。

正如一切高潮来临之际是需要造势的，正如一切瀑布飞溅之时是需要积聚的。察汗河就是一位静静地隐在深闺的姑娘，等待着另一颗心灵的轰然巨响，等待着与另一颗心灵的共鸣。

察汗河国家森林公园位于大通县西北部，大坂山南麓宝库

峡风景区内，这里气候温凉湿润，夏季年平均温度在 12℃左右，是理想的避暑胜地以及人们回归自然的绝妙佳境。景区内保存有苍莽的原始森林，树木葱郁，奇峰、瀑布、杜鹃和圆柏是这里的“四绝”奇景。

察汗河景区

察汗河自然景观分为水泻石门景区、烟雨石林景区、云岭杜鹃景区三大景区。同一景，换个角度，又是不同的佳景。正所谓“十步一景”。

景是走出来的，景还是用心品出来的。

在这宁静的察汗河，面对这雄山奇峰，一切描写状物之词、一切导游词都显得苍白无力，你眼中除了山还是山，除了水还是水。

冰川的造化不能不说奇。察汗河的奇又在它千奇百怪的奇峰石岩，光听听那些名字就够了，“将军岩”、“定海神针”、“童子拜佛”、“神龟望月”、“唐僧咏经”……

“将军岩”矗立在三岔路口，披盔带甲，气定神闲，守护着沟口，真是“一夫当关，万夫莫开”。“定海神针”在东侧高山之巅，

察汗河景区

察汗河冰瀑

绿荫处，有一石柱，竖立于万仞之上；“玉兔盗仙草”在进山路之右侧，“兔子”口含一束灌木，惟妙惟肖，形神兼备。

在察汗河，这样的命名还是有点局限，最好的是不命名，让你自己看，自己起名，用自己的心来阅读，这样看山就不是山，看水就不是水了，等到万山阅遍，看山又是山，看水又是水。

察汗河以其娴静的状态面对着每一个游人。这块处女地上的珍禽异兽和名贵药材誉名远近，有雪鸡、石鸡、兰马鸡、野鸡，还有马鹿、狍鹿、棕熊、狐狸、岩羊、石貂、豺、狼、獾猪、麝等野生动物；党参、黄芪、羌活、雪莲、秦艽、大黄等药用植物遍布全区。

察汗河的奇还在她的花，这里有金黄的金露梅，有银白的银露梅。向峡谷深处走去，植被层次分明起来，大片大片的杜鹃林就在眼前，高山常绿杜鹃是察汗河的一绝！

在云林杜鹃区，呈现于人们面前的多是些大如碗口的白杜鹃花。这些皎洁似雪的花蕾，有的俏丽枝头，随轻风摇曳；有的如出水芙蓉，落落大方，妩媚动人；有的颔首垂眉，似在嘤嘤低语；有的羞赧地张开清纯的笑脸，似在迎接着游客的到来；有的如娇羞的少女，遮隐在硕大的枝叶间，时隐时现，大有“千呼万唤始出来，犹抱琵琶半遮面”的矜持之美。

杜鹃花有花中西施之美称，又名为映山红、山石榴、山踯躅、红踯躅。为杜鹃花科、杜鹃花属，是中国十大名花之一。在所有观赏花木之中，杜鹃花可称得上是花叶兼美。唐代诗人白居易赞道：“闲折二枝持在手，细看不似人间有，花中此物是西施，芙蓉芍药皆嫫母。”

杜鹃花在不同的自然环境中，形成不同的形态特征，差异十分悬殊。有常绿大乔木、小乔木，常绿灌木，落叶灌木。有的主干粗大，高达二十余米。有的呈匍匐状、垫状或附生类型。青藏高原的杜鹃花大多垂直分布在海拔3000米以上的高寒地区，因而高原的杜鹃有温凉之习性，不宜移植盆栽。

察汗河的云林杜鹃区是一处汇集品类和数量的杜鹃花卉观赏区。

杜鹃花

总面积有 6253 公顷，大多为西施杜鹃。每年 5~6 月，景区中云崖雾岭，谷深林隐，杜鹃花开，色白似雪，浮光掠影，香雪云蔚，山花烂漫，流光溢彩。那素洁如雪、清香似梅的杜鹃花瓣，在习习山风中扶摇纷纷，远远望去，好似千万只白色凤蝶在空中上下翻飞，轻歌曼舞。

瑞典著名的植物学家林奈在他划时代的著作《植物志种》一书中将阿尔卑斯山的锈色杜鹃定为杜鹃花属的模式种类时，还不知道这种在欧洲只有区区九种的花卉在遥远东方的中国的高山峡谷中有着极为丰富的形态和类型。

痴恋之余，再回眸这边几朵粉红的花蕊，它们傲然挺立在枝头，自成一格，娇美而不粗俗，释放着淡淡的清香。据说，在察汗河的大西沟深处还有大面积的千里香杜鹃花木林。每到花开时，丹霞满地，流光溢彩。

如果循着泉水继续前行，你还会看到一线天，还会体味到峰回路转的真正含义。再走就会到达一大二小、水草茂盛、方圆千亩、平坦如埌的土山子掌。登临其上，诚有“会当凌绝顶，一览众山小”之感，大通、门源、祁连三县景观尽收眼底。“登掌红日早，回首白云多”，“一掌撑天起，三县览无余”，这些诗人的抒怀恰是这里真实的写照。

这块妙境天裁、风韵奇特、情趣无限的处女地，近半个世纪来，引来不少国内外有识之士的惊奇和赞叹，说它是自然风光的奇葩，是江河源头的明珠，其雄浑、粗广、博大、深沉的内涵只能意会，难以言传，被誉为青藏高原的“张家界”。

喜听松涛盈耳来

“松接白云天不堕，林连群峰涌绿浪”，这是对大通鹞子沟的最好概括。

经过老爷山，就进入了大通东峡，此地位于大通县城东部，当地人称其为东峡。据史书记载：“去县城东六十里，山土肥沃，林木樉槮，奇松古柏，大至数围。宁城构造榱栋取材，多资于此。”

进入东峡，一股清新之气扑面而来。远处的油菜花开得正艳，房屋俨然，不时遇到菜农，表情闲静，俱无浮躁之气。

顺着河边一直前行，遇到好几座水磨，全是木头做成的，不过大多早已不用了，屋顶长满了草，只有孤独的大木轮在“吱

鹞子沟

哑”作响。

鹞子沟是大通东峡林场自然风光最为精华的地段，鹞子沟景区主要由克麻沟、鹞子沟和老虎沟等组成，总面积 1633 公顷，是以云杉为主，伴生有桦树、山杨和少量祁连圆柏、油松的针阔叶混交次生林区。位于祁连山地东部迎风坡上，局部优越的小气候环境，夏季气温较高，且降水丰沛，因而森林植被茂盛，森林覆盖率达 82.9% 以上。由于地势高差悬殊，植被垂直景观

表现明显：2500 米以下是温性草原带，现大都辟为农田和村庄；2500~3100 米是以山杨、白桦、云松为主的针阔叶混交林；3100~3400 米是高山草甸带。

鹞子沟名称的来历有两种说法：一是因这片浩瀚的林区内栖息的鹞子数量非常多，它们翔集在林间，自由繁衍生息，把这里当作它们的天堂，人们取名此地叫鹞子沟。二是由于鹞子沟中间一道山梁将林区分成两条沟，两沟连同这山梁之间云杉

鹞子沟避暑胜地

密布，连绵起伏。远望此地，像一只巨大的鹞子铺开两翼展翅飞过，人们便称此地为鹞子沟。

相传，很久以前，鹞子沟山外有一个贫穷少年靠打柴为生。一天，他在鹞子沟打柴时，看见一条蟒蛇缠住了一只玉兔，少年挥起斧子朝那蟒蛇砍下去，蟒蛇被劈为两截，玉兔侥幸逃生了。临别前，玉兔吐下一明珠，作为酬谢之物。后来，为报答救命之恩，玉兔变作一位美丽仙子和少年结成了一对夫妻。他们在此安了家，将房前屋后装扮得绚丽缤纷，像世外仙境一样，引来众多的鸟儿和彩蝶在此做伴。几年后，仙女生下了一个女儿，取名叫紫霞。紫霞聪明伶俐，每天口含明珠，在百鸟和彩蝶的飞舞陪伴下到池边修炼。有一天，南海神尼驾着祥云，从西元神界路过鹞子沟时，看到下面池中云蒸霞蔚，蝶飞鸟舞，紫霞姑娘练功非常刻苦，就带着她去南海蓬莱仙岛修成了正果。多少年过后，那些百鸟和彩蝶，还萦绕着池水一直不愿离去，据说是沾了明珠灵气之缘故。

鹞子沟与久负盛名的松林古刹广惠寺隔水（东峡河）相望。“西宁——门源——张掖”二级柏油公路贯穿林区，交通便利。鹞子沟自然景区中松海之幽奇、深溪之翠奇、盆子坑之神奇以及松林野味之珍奇，可谓此中“四奇”。

松海探幽——从尕寺儿沟顺大道走进去，阴山两坡松涛如海，黛色一片，其势若“绿壁”当前。进入林中，苍松高峻深密，遮天蔽日，眼前似有百重绿嶂，顿时感觉静谧深邃，山气清新透鼻。置身其中，犹如步入梦幻一般，无不被其幽静、奇妙的氛围所陶醉。山下晴天丽日，林间雨雾笼罩。如有暴雨袭来，只要依偎在苍松翠柏之下，其旁出斜逸的树枝宛如精心织就的巨大雨棚，浑身滴水不沾。雨后天晴，那彩虹像一条锦缎连着鹞子沟，水珠挂满枝头，奇花异草，五光十色，一片晶莹，更添几分盎然与奇特。盛夏是喧嚣的季节，但鹞子沟松林宁静，山峰无声，寂静中听得到小溪吟唱的回响，杉针深翠中透着鲜绿色，斜阳钻进林丛，那透过枝叶的光晕，一步步幻变成五彩虹，给茫茫的苍翠添加了新意，间或透下一两点光斑，照在那厚实如毯的苔藓上，踩在上面，软绵绵的，给人感觉这里有着厚实的积淀。

山静如太古，一切细小的声音在这里都不会破坏宁静，一切细小的声音在这里都是装饰、点缀，不知是什么鸟在远处“咕咕”几声，另一边又有应和之声，此起彼伏。南朝诗人王籍有一名句“蝉噪林逾静，鸟鸣山更幽”，在这幽深的山林之中，一两声鸟鸣可是点睛之笔，有着化静为动的神奇魔力。佛说的六根清静，就是这种状态吧。综观所有宗教，大都注重心灵修炼的高人都选择了宁静之所。

深溪蓄翠——自密林再向右行百余步，须经一条涓涓溪流。小溪源于鹞子岭，经盆子坑、尕寺儿潺潺流入东峡河。溪水清澈明亮，翠如胆汁。时而汇成汪汪一碧，时而奔腾直下，浪花翻卷，波光熠熠。溪边青苔很厚，当地人称为“雀儿言”（俗语），很松软，一脚踩下去，没到脚脖子，脚一抬又恢复原状。暴雨后溪水猛涨，水流铿锵有声，阳光映照，别有一番景象，现代诗“过雨春溪万佩鸣，草虫能学鼓琴声。溪头侧耳有牛听，隔水数峰犹在定”是这里极好的写照。

神奇盆子坑——过碧溪，循小径继续向前行，可到盆子坑。盆子坑是鹞子沟的核心部分，苍松蓊翳，幽岫含云，据说鹞子沟一切物产都源于盆子坑。关于盆子坑，还有一段神秘的传说。当地人将盆子坑的传说演绎得神奇而诱人，说宝盆确是埋在松林深处，山上的万顷松涛、清泉溪流以及各类山珍野果就是宝盆恩赐给穷人的，但从未听说过有谁找到过埋藏宝盆的地方——也许是食人间烟火、与神仙无缘的凡人，即使到了盆子坑，也断然不识仙气之所在，成不了神仙。

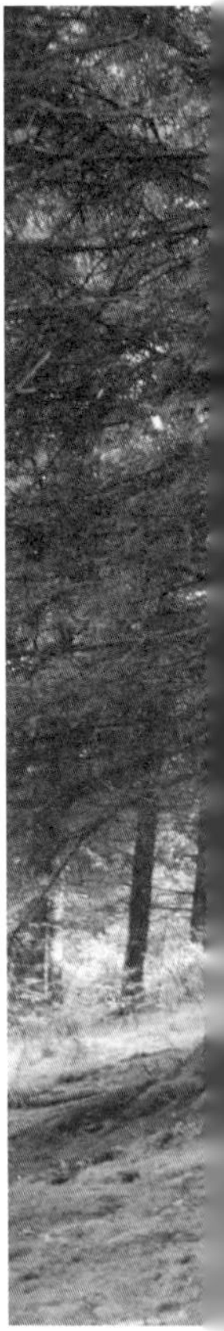

松林珍果——鹞子沟不但风景奇秀，山中各类野味和灌木果实也是远近闻名。每逢盛夏季节，荫翳的松树之下，蘑菇、莓子、面蛋蛋、面擀仗、野樱桃、鸽子嘴应有尽有，各具风味；鸡冠菜、鹿角菜、发菜、蕨菜簇簇丛丛，俯拾皆是。鸡冠菜和鸽子嘴是鹞子沟景区特有的珍稀特产。鸡冠菜是生长在青苔中的一种菌类植物，如找到一个，就能发现一丛。其色泽多为米黄色，味道可口。鸽子嘴大小，形状与鸽子嘴也颇为相似，带

有两个鼻孔眼，味香而甜。光那些白里透黄、肥美鲜嫩、形态各异的蘑菇就有好多种，有鸡蛋菇、黄菇、仙菇、钉子菇、青旦菇、白菇等，其营养丰富，口味鲜美。

到了鹞子沟，最好住一晚。明月在山时，是听鹞子沟松涛的最好时间，可以披着月光的外衣，静坐在草地上，一阵轻风而过，一阵阵松涛声，由远及近，那声音似有若无，忽隐忽现。一会儿是高山流水，一会儿是清泉石上流，一会儿又变成浪涛汹涌。

静静面对鹞子沟万顷松林，你的心便会随着那阵阵松涛声感受到鹞子沟神秘的心跳。如今的这里生态秀美，环境清幽，是人们登高览胜、山地游憩、森林疗养、森林娱乐、科学考察、休闲娱乐的理想度假胜地。在这里，人们还可以尽情举行富有民族风情特色的藏式拔河、射箭活动，体验山野生活的情趣，体味寄情山水的闲情雅致。

民俗篇

西域遗风

彩陶的故乡，神奇秀丽的北川，孕育、生息着土、藏、蒙古、汉等 43 万各族儿女，回族也是这个大家庭中的一员。

自唐永徽二年（651 年）大食国遣使来朝开始，信仰伊斯兰教的阿拉伯人、波斯人来到中国，广州、长安等地出现了穆斯林社区，史称“蕃坊”。在元以前的数百年里，经商通使的阿拉伯人、波斯人不断增多，他们以“蕃客”身份留居在中国。13 世纪时，随着蒙古军队的大举西征，信仰伊斯兰教的阿拉伯人、波斯人及中亚西亚各族人被大批签发征调来到中国，时称“西域亲军”。通过屯军，随地入社与编民等政策安置，散居在全国各地。“元时回回遍天下，及时居甘肃者甚多。”（《明史西域传》）经过与当地民族通婚、融合，到元末明初形成了民族共同体——回族。

元代初年，来华传教的固土布·兰巴尼·尔不东拉的弟子穆罕默德·麦亚迪率二十一人来北川一带传教并留居于此；明代因战争从河西走廊先后逃来几百名回族人，被蒙古部落首领阿尔赖、刀尔吉、麦力干收留，安置在北川营、白塔、闇门一带，许以“各仍其俗”，筑堡建屋，从事农业生产。迁来的这些人中很多人是工匠，史称“善火器”“多技艺”。清顺治五年（1648年），甘肃回族丁国栋、米喇印举兵反清失败以后，回族或从河西走廊因战乱逃来大通，或因清廷“移民实边”政策从东路迁来，或因经商传教从其他地方落籍大通“回民，本回回遗族……清雍正间，或由河州，或由甘凉，或由西宁府属各邑渐次迁入，日渐月盛”（《大通县志·种族志》）。

一

大通回族的地域分布与全国回族分布情况一样，“大分散、小集中”的特点比较明显。清真寺是回族进行宗教活动的场所。回族人大多围寺而居，聚居区称为“者麻尔提”（阿拉伯语意为教坊、群体）。

北川河两岸风格迥异的清真寺遥相辉映，有中国古典式的宫殿建筑，有阿拉伯风格的圆顶建筑，在阳光折射下熠熠生辉的宝瓶新月，显示着中阿文化在这里的交融景象。

回族信仰伊斯兰教，一个人从出生到死亡，伊斯兰教始终贯穿着他（她）的一生。伊斯兰教对穆斯林来说，既是一种宗教，也是一种文化，一种生活方式。《古兰经》作为信仰根源，是每个穆斯林修身正己、待人处世的最高准则，坚持“一神论”为信仰中心，认为宇宙间只有一个主宰——安拉（波斯语称“胡大”）。最基本的教义基础是六大信仰（信安拉、信使者、信末日、信前定、信天使、信经典）和五件功修（念、礼、斋、课、朝）。

宣礼塔上每日五次“邦克”声（唤礼），传送着悠长而和谐的音符，五时的礼拜濯涤着人的污浊，净化着人的心灵，摒除着一切邪念，培养着人的善心，祈祷着人间平安。礼拜的根本宗旨在于敬主和爱人，促进信仰与行为的完美统一。

作为中华大家庭中的一员，在信仰维系行为的同时，回族人的心灵深处蕴涵着中华民族厚德载物、勤劳坚韧、宽容大度的传统美德。“爱人如爱己，方为真信士”的圣训格言使北川回族养成了乐于助人、热情好客的品格。他们注重礼貌待人，尊重有学识之人和老年人，并抢先给这些人说一声“赛俩目”表示问安。人们之间遇面首先说“赛俩目”问候，然后紧握双手，嘘寒问暖。与其他民族交往，一句亲热的“姑舅”，便拉近了友爱的距离。

二

和全国的回族一样，大通回族的传统节日有开斋节、古尔邦节和圣纪节。最隆重的还属开斋节和古尔邦节了。

开斋节又称“尔德费图勒”，伊历九月份（莱麦丹月）经过一个月的斋戒，在十月初举行，也叫“小尔德节”。这天，人们黎明即起，洒扫庭院，穿上节日的盛装，身带美香，去参加一年一度的尔德节会礼。会礼结束后，邻里相邀，亲朋聚会，主人端上油香、馓子、点心、花花、炒菜、手抓羊肉等各种食品热情待客，叫大家“口到”（品尝）。之后走亲访友，互致赛俩目问候，给对方开斋，以示节日的祝福。

古尔邦节又称宰牲节或忠孝节，亦称“大尔德节”。在伊历十二月十日至十一日举行，是纪念圣祖伊布拉欣忠于安拉，其子易司玛仪孝顺的历史典故，也是庆祝一年一度的朝觐礼仪在麦加完成的节日。节日三天内，有条件的人家必定要宰牲（牛、羊、骆驼等），将肉分成三份，用来施贫济困、赠送亲友和自留食用。宰牲源自古代先知伊布拉欣，他曾接受安拉启示，以其儿子易司玛仪做祭献，表示对安拉的笃诚，易司玛仪欣然从命慷慨赴死。伊布拉欣正欲动手下刀之际，天使哲白拉依勒奉安拉之命牵一羊到场，传达“以羊易子”的主命，羊代替了易司玛仪。为效仿并纪念伊布拉欣忠诚于主、易司玛仪孝顺于父亲的牺牲精神，遂形成宰牲礼仪，相沿成俗，成为穆斯林的盛大节日。

当你走进回族人家，顺庭院进入主房，堂正中墙上悬挂着“克尔白”（天房）图或阿文名家撰写的书法，案桌上放着《古兰经》

或其他书籍；室内还挂着中国画：兰、梅、竹、菊，炕旁边是用装饰材料围成的小木屋，美观而实用，叫水塘或水房，以便随时沐浴进行礼拜。

“汤瓶”（水壶）是必须的，家家都有。洗手、洗脸，特别是洗小净都要用它。回族讲究卫生，饭前、入厕回来都必须洗手，在盆里洗手洗脸被视为不洁，应该让污水流走方为洁净，所以使用汤瓶的频率很高。

去回族家做客，主人一般会端上放有冰糖、桂圆、枸杞、红枣和杏干的盖碗茶。不过大通人最爱喝的还属当地的“热物茶”，用清香醇厚的茯茶配以花椒、桂皮、草果之类的调料，并抓上一撮荆芥、柴胡，再放少许盐，这样熬出来的茶有保健益神、驱寒保暖的功效。

面食文化也是大通回族的一大特色，素有“一样的面草（炒），十样的做造”的说法。除了传统的油香、馒头、花卷、锟锅馍外，还有各类油炸食品，有馓子、蜜馓、蜜花儿、花花、点心。每逢节日，妇女们不惜花费两三天时间，做出来的面食色香味俱佳，让人赞叹不已。

招待客人时，原来用“双碗”（一碗米饭，一碗粉条汤），随着人们生活水平的不断提高，碗改为盘，“八盘”的样式也不断变化，手抓羊肉、大盘鸡当然要端上桌面。麦粥饭和熬肉（用胡萝卜、凉粉或粉条、牛羊肉做成的烩菜）是传统食品，每逢亡人忌日或节日宴客时都要准备。而煮麦粥源自一则典故：上古时代，真主欲惩罚不义者，要降洪水淹没世界，命先知努哈造船，并将所有动物各一对和各种植物种子搬到船上。洪水退后，努哈命人们将剩余的粮食煮一锅粥，以示灾难过去，庆贺平安。后来煮麦粥便成了回族的饮食习惯，也是为了纪念先知。

回族忌食猪肉及骡、驴、马等奇蹄动物的肉，忌食血和凶恶性毒的动物和飞禽等，同时忌烟、酒等麻醉之物。家中有事需宰杀牛羊家禽时必须请阿訇或懂教律有操守的人下刀。吃饭、做事前都要默诵太思米叶（以真主的名义）。

三

回族男子戴无檐平顶圆帽，俗称“顶帽”，一般以白色居多。中青年男子夏天多穿白色衬衣外套黑色马夹，冬天穿青布面衣或皮衣。宗教人员或老年人则备有青色或灰色长大衣，称为“准拜”，同时还备有做礼拜时用的太思达尔（波斯语“缠头布”），有黄、绿、白等多种颜色。

妇女以前穿用织锦缎等面料做成的旗袍，俗称“帮舍”，有红、绿、蓝各色，配以银饰，戴上盖头，宽松自然，婀娜多姿，仪态万方。现在很少有人穿这种旗袍，代之而起的是新款的大众化服装。

各种颜色的纱巾成了年轻妇女的青睐对象，花形各异，款式不同，戴在头上像彩蝶舞动。中老年人一般对盖头还是情有独钟的。老年人多戴白色，中年妇女一般都戴黑色，而未结婚的少女则戴绿色盖头，辫梢微露，以示尚未婚嫁。伊斯兰教规禁止男性使用两种服饰：纯金饰品和丝绸织品。允许女性佩金戴银，穿华丽衣服，但禁穿透明而暴露肉体的衣服。

大通回族的婚姻较好地传承了伊斯兰教婚姻自主的精神。婚姻的基础条件有三：一、男女双方都是穆斯林；二、男女双方都同意；三、要有理智健全的证婚人。另外还需征得双方父母的同意。成年人男婚女嫁是瓦直卜（必定），男女婚姻必须遵循“婚姻无贫富，必择善良”的圣训准则，不以门第富贵为条件，注重男女双方的品德和才貌。男方家长及当事人若看中女子，就先请本族长辈亲友为儿子说亲，如双方子女都同意，家长喜欢，就选吉日去提亲，叫“下问包儿”。接下来就是送彩礼、迎亲、举行婚礼。婚礼一般选在星期四或星期五（主麻日），待迎亲的队伍到齐后，先入席。席毕，端上喜枣分送宾客并撒向所有参加婚礼的亲朋，为图吉利，大家争相抢拾喜枣，显得十分热闹。然后请阿訇念“尼卡亥”（征婚词）。婚礼结束后，娘家人派两名妇女作为伴娘（送亲的），并让亲朋邻舍中的男客骑马乘车护送，俗称“压妆”。入洞房时有燃香，喝喜茶，吃喜熬肉（都须吃饮三口），床上铺红毡、床四角及中间堆放核桃、红枣等习俗。以后的几天举行送饭、回门、送东月（下试刀面）等仪式。大通里川和外川在婚礼习俗方面略有差异，里川还唱宴席曲。

主人家在办喜事前几天就请好“曲把式”，女方家在女儿出嫁的头天晚上唱宴席曲，男方家则选在新婚之夜。是夜，全村的人都来主人家“扎帮”（助兴、捧场），来人的多少可示主人的人缘好坏。

主人热情接待来客和曲把式们，女眷和老幼客人坐在炕上，众人则围坐在屋内或院子里。曲把式们把只说不唱的《表礼》

作为开场白，然后结成对子，从第一首曲子《抬起头儿瞧》开始，到《五更荷包》《祁太府儿》《三娘教子》《方四娘》依次轮流分段唱述。唱到高潮处，唱者与听者产生共鸣，大家兴奋不已。有些“征夫曲”和“叙事曲”因悲凉的曲调和哀怨的内容，使坐在炕上的妇女们泪流满面，伤心哽咽。轮到说唱曲《碗儿匠》《拉鹅》《陈世打鬼》等曲目时，有人反穿皮袄，头戴破草帽，把萝卜削成圈当作眼镜，腰插擀杖，边唱边跳，有问有答。整个夜晚都在歌声和笑声中度过，黎明前，主客才相互致谢道别。

四

大通回族的丧葬一直保留着土葬、速葬、薄葬、平等的优良传统，恪守着“人来之于泥土，死后也应当回归泥土”的传统观念。人亡了，不直接称“死了”，而称为“无常了”（经堂语）、“殁了”（古汉语）、“归真了”。伊斯兰教把死亡当作一个人的必然归宿，认为死亡是肉体的消失和精神的升华，是人生的复命归真，而不是生命的最后终结。所以虔诚的穆斯林大多重生轻死，视死如归。

速葬的原则是根据“若在早晨死了，不可停放过午，晌午死了不可过夜”的圣训。殡埋不用棺木。临葬前，由亡者的近亲或开学阿訇给亡者“濯水”净身，女尸则请年长妇女为其洗身。然后给亡者穿上白色殓布，男人用三件，女人用五件，阿拉伯语叫“开凡”，俗称“包封”，并在殓布上洒施用冰片、红花等药料浸成的香水。将亡者抬至清真寺，在阿訇的主持率领下举行者那则（殡礼）。接着将亡者抬至墓地，下葬之前，由阿訇主持，按亡者的年龄推算，用钱物轮流转“伊斯嘎推”（替亡者赎罪）。仪式结束后将钱物分散给在场所有参加葬礼的人们，然后下葬。墓圹南北长六尺，东西宽三尺，深六七尺，靠西开一偏洞仅容一人，北面做一土枕，亡人头北脚南。葬毕，用土块堵住偏洞门，然后回填被挖开的土，阿訇念《古兰经》，众人静坐聆听，直至坟墓隆起。

回族葬礼崇尚节约，注重清洁，并互助合作，凡听见有了“埋体”（亡者），就有义务前去送殡。倘若丧家有困难，大家必予以资助。亡人家不招待送殡的客人。亡人家属男子戴顶帽，女子穿长衫、扎裤脚。

茶马古道的记忆

“葛仙汤”是青海回族传统“清真老八盘”宴席上首选的甜羹汤食。这种甜羹实际上是一种别有风味的醪糟汤，因加了一种名叫“葛仙米”民间又叫“水木耳”的原料而得名。

由于青海方言中“葛”字发音为（gao），与“高”同音，“仙”字（音 xian）发音又与“香”（音 xiang）、“虾”（音 xia）相近，于是，“葛仙汤”被误读为“高香汤”、“高虾汤”，以致以讹传讹至今。虽然如此，但也生动地折射出青海回族群众将美好的寄托承载在日常生活的方方面面的幽婉心境。

“葛仙汤”的做法是先将葛仙米用温水泡后，换水用筷子搅，去掉杂物再换水再搅，反复多次待无异物后，再放入开水锅中煮透，捞出。在铝锅中加清水、白糖、冰糖，将葛仙米和糯米经过发酵制成的醪糟倒入锅内，汤烧开后盛入大海碗，不仅清鲜柔嫩，味极爽口，而且醪糟产热量高，富含碳水化合物、蛋白质、维生素、矿物质等人体不可缺少的营养成分，消食养胃，益气明目。

葛仙米俗称天仙米、天仙菜、水木耳、田木耳，是一种水生藻类植物，属蓝绿藻的一种，单细胞，无根无叶，墨绿色珠状，是名副其实的纯天然绿色食品。相传东晋时期，炼丹术家、医学家、道教理论家葛洪隐居南土时，采以为食，偶获健体之功能；后来葛洪入朝将此物献给皇上，体弱太子食后病除体壮，皇上为感谢葛洪之功，随将“天仙米”赐名“葛仙米”，沿称至今。

葛仙米的主产地在湖北鄂西山区鹤峰县走马坪的小山村。每年仲春，这里的男女老少不顾春寒冷冻，成群结队挽着裤管，赤脚到蓄存一定水量的稻田里，用一种漏水的篼器采捞一种沉在水底的“葛仙米”。

当地人用流水漂去刚采捞的葛仙米中的杂物，然后摊晒成干品。每逢过节或家有婚嫁喜事或贵客临门时，取少许用温水浸泡，使之复现原形，玲珑剔透，色绿粒圆，酷似珍珠。或蒸或烹，或汤或炒，喜甜配糖，喜咸调盐，或佐以葱蒜，色、香、味、形一体，鲜美绝伦，成为许多地方素菜馆的山珍名菜。

葛仙米营养丰富，是宴席佳品，含有多种氨基酸、多种维生素和人体必需的微量元素等。其味鲜美，《本草纲目》赞葛仙米为“肥绝佳食”。葛仙米还有药用保健功能，据《全国中草药汇编》介绍，葛仙米性寒、味淡，可以消热、益气、明目，主治夜盲症、脱肛，外用可治烧伤、烫伤及护肤美容等。

耐人寻味的是，原产于湖北鄂西山区鹤峰县走马坪村鲜为人知的“葛仙米”缘何流传到青海，并且在民间逐渐盛行起来了呢?

当我们用探寻的目光窥视历史的某一隅时，或许能有启发——这其实与茶马古道的历史密不可分。从隋唐开始的茶马交易治边制度已近千年，在茶马市场交易的漫长岁月里，中国商人在西北、西南边陲，用自己的双脚踏出了一条崎岖的茶马古道。

茶马古道，实际就是一条地地道道的马帮之路。这条古道，不仅使藏区人民获得了生活中不可或缺的茶和其他内地物品，弥补了藏区所缺，满足了藏区人民所需，也使内地获得了民间役使和军队征战所需的大量骡、马。随着茶马贸易的不断发展，不仅有大量内地的工农业产品运入藏区，丰富了藏区的物资生活，而且内地的先进工艺、科技和能工巧匠也由此进入藏区，推动了藏区经济的发展。

其实在华夏大地商贸往来的历史上，还有一条鲜为人知的“南方茶马古道”，它就是因地处洞庭湖以南得名的湖南安化洞市茶马古道。湖南安化洞市，位于安化县东南部，距县城东坪镇 45 公里，历来就是通往邵阳、娄底市新化县、怀化市溆浦县的必经之路。

湖南安化等地以黑茶为主的特产，经脚夫们肩挑马驮集中于牛田驿（今洞市）后，用竹排木排顺麻溪从麻溪口放入资水，然后用船顺资水，经益阳、湘阴入洞庭湖。再经岳阳巴陵入长江，经临湘、湖北武昌的嘉鱼、江夏达武汉汉口镇。湘、鄂等地出产的土特产品云集后，流向全国各地，其中以茶业为主的特产是销往西北地区，尤其是青海、西藏、新疆各地的。而湖南产的“黑茶”就是边销茶的一种，虽然边销茶的种类很多，有湖南的茯砖、黑砖、花砖，湖北的青砖、米砖，四川的康砖、金尖，云南的紧茶等。但由于历史原因，各民族所饮用的边销茶品种也不同。茯砖、黑砖、花砖、米砖主要供应到新疆、青海、甘肃、宁夏；康砖和金尖主要供应到西藏和青海；青砖茶主要供应到内蒙；云南的紧茶主要供应给云南本省，部分供应到西藏和四川……以西宁为中心的河湟谷地，处于茶马古道“青藏线”上的咽喉部位，西宁更是“茶马互市”的一个大驿站。因而，“葛仙米”经两条“茶马古道”后，随边销的“黑茶”走进青海，走进寻常百姓家就不足为奇了。

这段茶马互市的历史，也是以茶文化为主要特点成为了一道文化风景线。茶马古道不仅是一条交通要道，更是历史文化的载体。而伴随茶马古道而生的商贸文化和因茶马古道得以交融的民族文化，也悄然融入到了青海寻常百姓的生活之中。

民族的记忆

一

大通是个多民族聚居区，在这片热土上生活着回、土、藏、蒙古、汉族等民族，他们世代相融于北川大地。其中土族是一个很有特点的民族，有自己独特的生活习俗。

土族饮食基本与藏族相似，但也有本民族的特色。饮料以茶为主，有清茶、奶茶、麦茶和糖茶之分。面食加工方法有烙、蒸、煮、焖、烤、炸等。本民族传统饮食有“海流烧麦”（油包子）、“哈力亥”（背口袋）、“哈流”（油炒面）、“沓乎儿”（一种面里酿了油，在灶火里烧熟的馍）、“薄什左”（油炸馍，俗称牛肋巴）、“砖包城”

（用白面一层、杂面一层做成的馍）等。

平时招待客人，先吃焜锅馍，其次是清油煎饼（俗称狗浇尿），二道茶后，主人即端上酒，先敬客人三杯，尔后双方猜拳对饮。客人确实不能喝酒，用右手无名指蘸酒对空弹三下（意为祭天、地、神灵）即可。客人起程前下长面或鸡蛋面片，称之为“起脚面”。

土族服饰因年龄、性别不同，穿戴也不相同，青年男子戴白色为主的毡帽，穿领部绣花、袖口镶黑边的斜襟白褂，小襟胸部有绣花围肚，外着黑色或紫色坎肩，腰系两头绣花的布带。下身穿蓝、黑两色裤子，脚穿云纹鞋和绣有花溜跟的白、黑两色布袜。

老年人多穿黑色长袍和颜色较深的裤子、袜子。一般穿名叫“羌鞋”的鞋。羌鞋的样式有两种：一是“双楞子”，在缝合两片鞋帮时，脚面部缝合成两溜楞子；二是“福盖地”，在鞋前帮剪贴蘑菇云形状的图案，子母相配，白线锁边。鞋帮面料和白、黑、蓝色线相配，绣以盘线云纹或碎花图案，鞋底三层或九层，包以白布，用细麻绳纳成，因鞋底层数多，故有千层底的叫法。

女子因年龄、婚姻状况，服饰有所区别。已婚妇女一般穿小领斜襟长袍，两袖用红、黄、绿、紫、蓝五色彩布做成；长袍上面穿黑色或紫红色坎肩。腰系宽而长的彩带，带子两端有各种绣花图案。也有穿镶有白边的绯红百褶裙的。膝下部套黑色或蓝色的“帖弯”（指裤筒），脚穿绣花鞋。

土族妇女梳两条辫，套在绣有各种图案的辫套中。辫套的刺绣手法有扯、盘、扎、缀、压等多种，图案有“轱辘钱”、“八瓣梅”、“神仙馈”、“富贵不断头”或各种花卉，样式繁多。辫套上口处或两耳孔挂戴银制的“双鱼”、“荷包”、“麦穗”等类

土族服饰

的装饰品。头戴黑色翻卷边圆形毡帽，帽后缝有白宽线织成或用织锦缎做成的三环式图案。

未婚姑娘的头发梳为三辫，头顶系有一海螺圆片，三辫至脑后合为一辫，根部与发梢扎红绿头绳，额前系绣花布条。老年妇女一般头戴黑色卷边圆形毡帽，穿有小领斜襟长袍，上面套有黑色坎肩，不穿五彩袖，不系绣花彩带。

随着与外界交往增多，如今青年男女的着装几乎与汉族无异，中老年妇女服饰有一部分还保留着传统习惯。

二

春节是土族的隆重节日，与汉族无明显差别。所需物品从腊月就准备齐全。春节前男子要剃发刮脸，俗有“有钱没钱，光光头过年”之说。腊月二十三送灶神，腊月三十送还所借他人的财物，洒扫庭院，张贴春联、钱马，傍晚上祖坟祭祀，返回途中捡圆形卵石，回家烧红后倒入醋，叫“打醋蛋”，接着吃饺子或长面条，再喝酒吃“咬鬼肉”。午夜十二点放鞭炮。凌晨，点燃院内松蓬，点灯煨桑，谓之“接神”。从大年初一开始，先后给本家族和村中老人拜年，然后走亲访友。

正月十五晚，家家户户在大门口点燃麦草，男女老少从火堆上跳过，以避邪除秽保平安，俗称“跳冒火”。

农历二月二，家家煮“麦仁饭”，吃猪头肉，还要炒蚕豆，俗称“咬虫儿”，表示咬死各类农作物害虫，祈求丰收。

农历“春风”前后为“天赦日”，这天要分家族上坟祭祖。每家蒸献食（大馒头）十二个和各类祭品。上坟仪式结束后，男女老少在坟边支锅吃喝一天，这时家族中的老人便讲述先人们的历史，教育后代牢记前辈的功绩。

五月初五过“端阳节”，家家将杨柳枝条搭于屋檐，插于门顶。小孩佩戴“香草包”，手腕脚脖拴上彩线，背缀十二属相中与自己属相相合的刺绣物。亲友、邻居间相互拜望，互祝节日愉快。

中秋节，吃油炸馍、蒸花卷、千层月饼，条件好的人家杀羊宰牛。到晚上圆月东升时，摆供品于庭院或屋顶，祭接月神。

冬至节时吃“麻孚包”、油煎饼、长寿面，庆祝添岁。腊月初八，家家吃“油搅团”，取河中冰块立于田间地头和粪堆之上，并从冰块内部冻结成的图案样式预测来年各类农作物的收成好坏。

三

土族青年男女在劳动场合或借各种集会之机，自择对象，相互了解后，男方家邀请媒人去说亲。随后是定亲，然后商定彩礼，送完彩礼后确定婚期。

娶亲前一天，男方派媒人向女方家送“麻泽”（即一只羊或二三十斤猪肉）。傍晚，男方家派能歌善舞、能说会道、风趣善辩、熟悉娶亲仪式的使者“纳什金”，带上娶亲礼物和新娘上轿穿戴的服装、首饰，由车户、媒人、新郎一行四人至女方家。在大门口阿姑手拿“白龙马”（即一尺白布）搭在车户肩上，车户也把早已准备好的“白龙马”回敬给阿姑，然后由阿姑和车

轮子秋

户一问一答唱“拉隆啰”（接车户曲）。唱完要喝“拦门盅”酒，接受泼水礼节，才准进大门。等上炕坐定后递烟、倒茶、敬酒，阿姑们唱“拉哈默咪”（问答曲）。若“纳什金”答错，就罚酒数杯。摆席让座后，坐在首席的“纳什金”给东家亲戚们唱“问安曲”。

席间还要进行寻“牦牛”（即两大三小的五瓶酒）、“点头面”（清点所拿首饰是否齐全）等仪式。

寻“牦牛”是东家把男方家拿的酒藏起来，叫娶亲者到伙房找阿姑要。他们俩一边敬酒一边唱，阿姑们将面粉撒到他们的头和脸上，寓意夫妻恩爱，白头偕老。热闹一番后，东家拿出“牦牛”，当场开瓶畅饮。

“点头面”由女方家的送亲阿姑主持，“头面”主要有双头叉、头绳、双齿木梳、护心镜等。“点头面”结束，阿姑们手捧汤面盆唱起“敬汤曲”，她们唱到谁跟前，就用擀面杖蘸上汤向谁的身上撒去，娶亲者东躲西闪，连声求饶。说话间被看热闹的众人和阿姑们拉到厨房，给每人端一碗饭，用一根烧火棍当筷子，并要他们唱“罗连”，唱完后邀请到院内和大家一起跳“踏灰”舞，唱“安召”曲。

歌舞毕，即“转旁席”，所谓“旁席”就是邀请娶亲者到他家做客。

时至凌晨时，主人把男方娶亲之人及亲戚们请到家里，端上“扁食”（饺子）。“纳什金”把用红线串联的扁食塞给新郎，接下来举行“收头”仪式，由一名已婚阿姑把首饰衣物拿到新娘面前并关上门，不让新郎和娶亲者进入。这时“纳什金”在门外唱“核桥”歌：

山里的锦鸡叫了，旧的事情过去了。架上的明鸡叫了，新的事情来到了。新娘原来在你家代下了，现在我们接来了。架上的明鸡叫了，东方的天空亮了，我们的事情办完了，姑娘收头的时候到了。

“纳什金”唱完，房里的阿姑便唱“唐德格玛”：

山里的锦鸡叫了，它叫的啥意思？架上的明鸡叫了，它叫的啥意思？我们闺房的门是啥木头做下的？你答上来我们开门，答不上来不开门……

“纳什金”将所问的一一回答，并把“收头钱”塞进门，阿姑们才让新郎进门。“收头”仪式上，新郎拿起木梳在新娘头上轻轻梳三下，并解下她头上的红头绳，然后出门等候。这时，“纳什金”继续唱“核桥”歌：

把扭达头上戴起来，把铜碗碗脑后括起来，双头钗子别起来，银子耳坠戴起来，锦锻的衫子穿起来，珊瑚壳壳背起来，丝绸带子勒起来，八福罗裙穿起来……

上轿时，新娘的母亲坐在装有小麦的升子上（称坐银斗），新娘由兄弟抱到堂屋，坐在铺着红毡的桌子上，一位亲戚把筷

土族婚礼

子递到新娘手中，并拿起柏香、酥油等，“纳什金”以对方拿起的东西唱“福来给”：

金银财宝不带走，骡马牛羊不带走……你家的东西放在你家不动了。

最后，新娘把手中的筷子向后撒去，由兄弟抱着到院中转三圈，“纳什金”跟在新娘后面唱“福来给”。新娘的父亲一边叫唤着女儿的名字，一边喊着“福来给”，直到女儿上轿离家。

新娘出嫁时，有一名压箱娃，二至四名帮轿者和送亲阿姑。

迎着晨曦，轿车来到男方家大门口，送亲阿姑扶下新娘，并由接亲阿姑搀扶着，踩着红毡与新郎并排进入大门，在院中行叩拜礼（拜天地）后入洞房。

席间，男方家的婚礼主持人“尖过阿咪”先到各席前诵婚礼赞词，表示致谢，再由男方“执客”到诸席前敬酒。酒酣耳热时，人们放开歌喉，边唱边跳，直到日落黄昏。晚上又转邀旁席，一直到次日凌晨。近年来，礼仪有所简化，婚礼仪式大都当天进行完毕。女方娘家人起程时，还要吃起脚长面，男方家小伙子们高举酒杯，在大门口敬酒欢送，叫“上马三杯酒”，至此，婚礼议程全部结束。土族婚礼展示了其热情好客、能歌善舞的民族特点。

新媳妇过门的第三天要下厨做饭，并亲手端给公婆及家族中的长辈们。用饭者则回赠钱物表示感谢。婚后几天，双方择定时间，新郎新娘回娘家认亲，谓之“回门”。

四

土族丧葬习俗因受宗教信仰和汉藏民族文化的影响，主要有火葬、土棺葬、天葬。

土族的火葬原先实行先火化再土葬的二次送葬方式，这是古羌族火葬与吐谷浑棺葬二者合一而形成的葬法。新中国成立后，上述二者合一的葬法逐渐消失，至今通用土棺葬。

棺材最佳用纯柏木制成，其次松加柏，再次以松加柳。棺内用柏木刨渣、书籍或用柏枝、香柴、香木炭等物挤放在遗体周围。棺材为大红油漆，按家道贫富在棺盖和两旁绘画不同的图案，前档头绘有主牌位，书写亡者名讳，两旁画童男童女。

办丧事并无一定期限，少则三至五日，多则七至九日。有的人家还请喇嘛若干人做道场。

出殡时，全村青壮年男子前来送葬，将灵柩抬至墓地，家中妇女哭送，孝子孝孙怀抱烧纸盆、背着祭品走在灵柩之后。

下葬时，孝子跪于坟前，长子头顶一铁锨土，棺木入坟后，由丧官取下孝子顶的土撒向墓坑，送葬者一齐动手铲土掩埋，直到坟墓隆起。

丧事期间，庄员和亲友前来烧纸吊唁，添增馒头一副（十二个）或添面一升，姑娘女婿和外甥还要拿“祭祀”（活鸡或几斤肉），并在灵前献上哈达。

丧礼正日子这天，要给亡人“骨主”（俗称“娘外家”，如亡者是女性则请娘家人，若是男性则请外家）汇报亡者的病情、丧事的办理情况和儿子儿媳对亡者孝顺的情况，然后由“骨主”对丧事提出一些要求并当众评定儿女对亡者的孝心。

亡者家属在四十九天内着素装，不穿红戴绿。孝子不剃头，不串门访友，当年或三年内不贴春联。

五

土族同祖同姓不通婚，也禁止近亲和血缘关系较近而又不同辈分的人结婚。

妇女怀孕后，家人会给予多方照顾。婴儿出生后，在门口或窗户上贴一块红纸，禁忌外人进入。孩子出生不久，家中请喇嘛或村中有声望的人给孩子起名。

土族人家生男生女，都有做满月的习惯，第一胎尤为隆重。隔壁邻舍、亲友均来祝贺，除了设宴待客外，还有一项特殊的“夫果尔”（即骑牛）祝贺方式：人们给孩子的爷爷翻穿皮褂或皮袄，戴上萝卜做成的假眼镜，脸上抹油灰和白面，嘴上叼着麻秆做成的大烟锅，头戴破草帽，抬上牛背，倒骑着满村游转，人们不停地掐拧、戏谑他，引得围观者哈哈大笑。

孩子出生满百天，要请家族中长辈来做客，庆祝孩子的“百岁”，来者必须吃长面条，以祝愿孩子长命百岁，幸福吉祥。

土族的贺寿在六十、七十三、八十四岁生日时举行，也有的在六十、七十、八十的整数生日时举行。届时，亲友们执礼前来祝贺，晚辈要进行拜寿仪式，和谐的气氛中洋溢着天伦之乐。

土族长期与藏族、汉族生活在一起，深受其文化的影响，在起人名方面表现尤为突出，受汉文化影响较深的乡村，多取汉语名；与藏族杂居或受藏传佛教影响较深的乡村，多用藏语名。所取名字多官名、俗名各一。

土族禁食骡、马、驴等奇蹄动物肉和狗肉，不在马牛羊的棚圈中大小便。给人递送刀具尖物时，不以刀面、刀尖对着人，而要授人以柄。不用有缺口裂缝之碗给客人和老人长辈倒茶盛饭；禁穿戴别人衣帽。

七彩的心花

且门索心如明月常照耀，
且门索心如红珠灿烂红，
且门索歌声更赛过黄莺，
且门索巧手绣花描龙凤。

叙述爱情悲剧的土族著名长诗《拉仁布与且门索》多次提到土族的刺绣。

刺绣是土族服装中最主要的装饰手段之一，纵观土族服装，几乎找不着不用刺绣做装饰的。土族的刺绣与土族人民的生活息息相关。

土族刺绣花样繁多，大体可分为四种类型：一是实用类，主要有枕顶、辫筒、兜肚、针扎等，这是刺绣的主体；二是情馈类，主要有袜子、鞋垫、裤带、钱包、荷包等，是妇女赠送亲友、情人的佳品；三是礼仪类，主要用于寿帐和挽联；四是宗教类，主要用于装饰佛像和寺庙殿堂。

走在土乡，就像徜徉在七彩的海洋中，艳丽的色彩，眼花缭乱的刺绣样式，让你久久难以忘怀。

你可能会注意到土族妇女的头发，健康黑亮一披到底，还有独具特色的辫套。

辫套是妇女发辫的保护物和装饰品，又是一个民族的生活情趣、民族传统文化、民族精神素质的外在体现。

土族妇女辫套的设计、刺绣，别具匠心，独树一帜，有其

土族妇女服饰

浓郁的民族传统风格，它的制作过程和佩戴习俗，也与一般装饰品的大不相同。

就设计来说，其图案、花色品种，因年龄而异，因佩戴场所而不同，日常生活劳动与婚丧嫁娶、节日礼仪中所佩戴的辫套绝不雷同。从布料色泽质量的选择、各类丝线的搭配、图案式样的确定，均有很大差异。有朴素和华丽之分，雅淡和鲜艳之别。

辫套

如果对辫套的图案作深层的挖掘，它不仅是一幅生动形象的画面，也不仅是一件刺绣艺术珍品，更重要的是，它记载着一个民族的神话传说、历史事件、生活风貌和社会的方方面面，集历史、绘画、刺绣于一体，再现历史的真实，它是艺术，也是历史。

土族妇女辫套的图案设计、刺绣制作，长期以来受热贡艺术等民间文化的影响较深，其中刺绣图案的格式、色彩搭配等方面不仅大量吸收了“热贡艺术”的表现手法，也有不少创新。

辫套的刺绣艺术手段基本上分扯、盘、扎、剿、压五种。

扯：绣针的出入孔距离较长，相隔 3 公分左右，直线走针。适应于整块或长形图案，它以美观为主而不适宜花卉、鸟禽类图案，给人以舒适、豪放的感觉。

盘:它适应于“轱辘钱”、“八瓣梅”、“神仙馈”等圆形图案。刺绣时必用两根绣针，每针各穿同色线，一针从背面刺穿表面，另一针将刺向表面的针盘绕一圈后扎下，如此延续，绣出的花纹似数不清的圆圈串联在一起，成为美妙的画面。线的色彩一般以三蓝、三红、三绿相搭配，其制作法与热贡绘画艺术较接近，可称为热贡艺术脉体的一种。

扎：它的制作极为精细，它适应各种花卉和鸟禽图案，特别是莲花、荷花、牡丹、菊花、梅花，喜鹊、仙鹤、孔雀、凤凰及藏传佛教中的各种吉祥物。绣出的图纹表面光滑，形象逼真动人。

剽：它的制作费线较多。不用绣针，是专门为剽而制造的针，针眼在尖部。也适应各种花卉、鸟禽类及吉祥物的图案。绣出后表面明显凸出，似“栽绒毯”状，立体感强，鲜艳而又壮观。

压：压的制作方法与前四种相比，较为简便，多用碎小块布料，少用线。布料色彩的搭配与上述几种线色彩的搭配方法

同样重要。它只适合花卉图案，用碎布料剪成各种花瓣、枝叶后对贴凑成整体，而后用线精细地缝压住各边即为成功。

辫套有长1.3米和长1米的2种，2种长度不同的辫套宽度都为13公分，正方形的绣牌也是13公分。

长1.3米的辫套分两种，除中间留有系腰带部分外，上下各缝3个绣牌（一般一个妇女都备有2~3双辫套）。

第一种绣牌是用扎和刻的手法完成的，大致有“孔雀戏牡丹”、“丹凤朝阳”、“寒鹊探梅”、“藕里生莲”及各种鲜艳夺目的花卉图案，佩戴者均是年轻妇女，适宜在多种喜事、婚礼宴会、迎送宾客仪式、赶集、体育运动会、代表选举会、物资交流会、花儿会及传统节日场合时佩戴。而在日常生活、劳动期间佩戴的“辫套”的长宽度、外表与前者相似，但它的原料及制作工艺却远差于前者，基本用压的手法完成。

辫套

另一种绣牌是以盘的手法完成的，大致有“八瓣梅”、“轱辘钱”、“神仙馈”及配线色彩不太刺眼的花卉图案，佩戴者均为中年妇女。此种绣牌的刺绣手法和色彩搭配具有严肃而庄重的风格，所以除中年妇女佩戴外，年轻妇女在参加有关宗教仪式的场合时也佩戴。

长 1 米的辫套的绣牌上没有任何花卉及鸟禽类图案，它是从系腰带处以上只缝 3 个绣牌，制作手法以扯技完成。原料以织锦金线及丝线为主，图案大都采用藏传佛教吉祥物“富贵不断头”“暗八仙”之类，佩戴此种辫套的都是中年妇女。

1000 多年来，土族刺绣以母女相传为主，亦在姊妹、妯娌、婆媳间传承,其文化与艺术的价值不可低估。土族刺绣色彩缤纷，图案逼真，在形、色、质、意等方面体现出独有的审美态度和价值判断，为民族学、美学等的研究提供了鲜活的材料。

因为心中有花，所以手中就有花，眼中就有花了。土族用七彩的颜色，把自己装扮得一身锦绣，遍体生辉，表达了对美好生活的向往和追求。

传唱的历史

土族因地区不同而自称不一，如“蒙古尔”、“察罕蒙古尔”、“土昆”、“土户家”等都是其自称。对于土族的历史渊源，曾有不同说法，如鲜卑支系吐谷浑人后裔、沙陀突厥后裔以及蒙古族后裔等，现在倾向于吐谷浑后裔之说。据载，吐谷浑于公元 4 世纪初在甘肃南部和青海东南部曾建立吐谷浑王国政权；唐初迁至青海东部；后来为吐蕃所并，一分为三，其中一部留在了青海东北部故地，成为土族的先祖。唐中期以后，其族称有所变化，如称之为“退浑”、“吐浑”、“浑”等，吐蕃人则称之为“霍尔”，也是“浑”的音变。到了元朝，“吐谷浑”一名方从史籍中消失，代之以“西宁州土人”，“土”来源于吐谷浑的“吐”，“浑”在蒙古语中是“人”的意思，故元代汉文典籍以此称之。在以后的发展中，又有多个民族与之融合，形成了今天的土族。新中国成立后，统称土族。

土族有自己的语言，属阿尔泰语系蒙古语族。内部又分互助、民和、同仁三大方言。部分土族兼通汉语和藏语。原无本民族文字，长期以来，一直使用汉字和藏文，1979 年，国家为其制定了以拉丁字母为基础的新文字。土族普遍信仰藏传佛教。

他们早期从事畜牧业，尤以养羊业最为发达，虽然后来逐渐改为以农业为主，但至今家家户户仍有养羊的习惯，并精于饲养。土族著名的民间说唱史诗有《羊颂》《拉仁布与且门索》等。土族人民喜爱唱“花儿”，其节日以擂台会、丹麻戏会和“纳顿”最具民族特色。

土族是一个能歌善舞的民族，其歌曲分为两大类：一是“尕达古朵”，即野曲或山曲，土语俗称“朵扎”。二是家曲，主要有婚礼曲、宴席曲、酒睦、民间故事说唱、礼赞曲以及舞曲等，多为问答式。

土族歌曲在没有文字记录的情况下，仍经久不衰，代代相传。

土族举行婚礼有一套完整的歌舞仪式。婚礼曲的歌词和曲调基本固定不变。在什么场合、举行什么仪式、由什么人唱、唱什么都有严格的定制。婚礼曲依演唱角色而大体由接亲曲和娶亲曲两部分构成，曲调简单，旋律优美，易学易唱，便于普及。

一、婚礼赞歌·央什其列

此曲为娶亲曲，歌词以藏语为主。娶亲使者包括新郎、媒人、纳什金、车户等，其中“纳什金”在婚礼中是最活跃最重要的人物之一，一般由能歌善舞、能说会道，风趣善辩、熟悉娶亲规则的人担任。“车户”即车夫，娶亲时主要负责新娘轿车的行驶和安全，但在平安到达女方家后又成为“纳什金”的得力帮手，也有人称为“小纳什金”。他们精诚团结，默契合作，以歌舞应对婚礼中的每个仪式和各种场面，从而顺利完成娶亲任务。当娶亲使者来到女方家，办完有关事宜后，按年龄、辈次、任职身份依次上炕入座，主持人等依传统礼节热情招待。女方家婚礼主持人等众客一而再再而三地向娶亲使者敬酒，要求演唱“朵扎”一展歌喉，娶亲使者“纳什金”和车户虽再三谦虚，但盛情难却，只好答应合作演唱。

洛耶央什其列阿洛列那央什其列

常日不聚央什其列，

喜庆聚会央什其列。

佛经护佑赞颂诸位宾朋。

吉祥上首就坐的老寿星。

新郎如同闪闪的金莲花。

赞颂牵线搭桥的月下老，

感谢您犹如神佛的媒人。

颂扬隔壁邻友诚心祝贺。

娶亲纳什金车户是憨头，
无规距没高低胡唱赞歌，
的的确确不知人间世故，
恳祈众乡亲们多多原谅。

二、婚礼赞歌·阿志洛列

此曲为接亲曲，歌词仍以藏语为主，由女方家众客中之能歌善舞者演唱，一般为二人合唱或多人合唱，亦可一人独唱。其用意在于答谢并启发娶亲使者优美动听的赞歌。

阿志洛列呀志拉姆阿志洛列

饮酒场合唱赞歌，专门来赞众乡亲。
众人聚会为佛事，赞了佛典赞寿星。
寿星坐在上首里，赞颂新郎金莲花。
功德无量月下老，玉成大事靠媒人。
隔壁邻友赞聚会，诚心颂扬纳什金。
劳苦功高车户哥，隔壁邻友很幼稚。
人情事理全不知，纳什金车户多担待，
敬请二位不吝赐教。

三、婚礼曲·唐德尔格玛

此曲在事先卜卦选定的良辰吉时举行婚礼仪式时由娶亲人和接亲人以对答形式演唱。歌词为土语。演唱时，“纳什金”在门外，双手平端红色木盘，盘内放有收头用具及饰品。接亲人在门内。当“纳什金”演唱至适当时候，从门缝向接亲人赠送“五十两”（“五十两”数额不定，一般在五元之内），当接亲人接受“五十两”并基本结束演唱后，迎进娶亲人，歌曲亦随之唱毕。

唐德尔格玛

唐德尔格玛（阿姑们唱）：

请您在娶亲的关口上留下费用，

姑娘上轿的良辰吉时已到。

主家给了您足够的费用，

请如实通报开门的红包，

请您发放开门的银两。

唐德尔格玛（纳什金唱）：

锦鸡鸟提醒新娘上轿的吉时已到，

檀香树上太阳月亮普照，

开门的良辰已经到了。

吉祥的时刻请您启开富贵的财门，

好事的分钟里请您开门，

双方的好事上请您开门，

开门的时间已经到了。

太阳月亮留规距，

请您快些来开门。

唐德尔格玛（阿姑们唱）：

要开我家的门并不难，

请您回答完它的名字叫什么？

请回答建门木匠的故里在何地？

这个门的名字叫什么？

建门木匠的名字叫什么？

门上的木板用何处的木料做成？

请您数一数门上共开了多少卯？

我们的门上共有多少条镶边？

四、婚礼曲·海交

此曲是举行新娘改发、收头仪式时由“纳什金”演唱的。若改发收头时间因手脚不麻利而拖延，此曲则从头到尾反复演唱，直到圆满结束为止。

海交

唱海交，歌海交，

是唱海交歌来了；

海姆漏交，海姆漏交，

唱着海交歌迎娶新娘来了。

散旦梢党（顶髻）扣起来，
这是收头规则的心脏。
双头簪子别起来，
因为家教是父母留给女儿做人的准则。
银制簪子插起来，
这是脑后发髻的中心。
留下吉祥的种子，
因为这是历史的根源。
银制耳坠戴起来，
它是耳朵的饰品。
红色长袍穿起来，
它是双肩的饰品。
白色的齿贝连起来，
它是脊背的装饰。
绣花腰带勒起来，
这是腰围的装饰。
青色裤子穿起来，
它是双腿的装饰。
绣花密厚的鞋子穿起来，
这是双脚的装饰。
唱海交，歌海交，
是唱海交歌来了；
海姆漏交、海姆漏交，
唱着海交歌迎娶新娘来了。

五、婚礼曲·夫热道达

“夫热道达”意为留吉祥种子歌。此曲在举行“夫热道达”仪式时由纳什金不停地演唱。“夫热道达”是在女方家举行送新娘出门上轿启程时的最后一项婚礼仪式。此仪式一方面祝愿女儿出嫁后福如东海、万事如意，另一方面又希望女儿出嫁时将娘家的吉祥灵气不要一并带去。仪式中的新娘父亲手擎“扬达希姆”（护佑神箭）在姑娘头顶挥舞，口中大声呼唤女儿的名字和“夫热革”（留下吉祥种子），等女儿给回声后，立即返身回家，“×× 夫热革”的呼唤声连续不断，至堂屋后又返身跑至大门外，在女儿头顶上挥舞护佑神箭，叫唤女儿名字和“夫热革”，如此反复三次，最后将护佑神箭供奉于堂屋神位之前，直至女儿回娘家后才将其移放于较高的没有脏物晦气的地方。与此相对应，新娘乘坐的轿车启动时也要向前走三次向后退三次，以示留下了吉祥的种子和留恋惜别父母亲友之情。

留种歌

父亲求福气，慈父叫吉祥，
心爱的闺女留下了吉祥的灵气。
举起一盏佛灯，举起一盏佛灯，
佛灯中的清油留下了吉祥的种子。
爱女用过的碗，爱女用过的碗，

完整无损的碗作答。

爱女将要离别，爱女将要离别，

留下整碗是规距。

慈父求福气，慈父叫吉祥，

爱女留下了福禄财运、兴旺发达的灵气。

爱女梳理的发辫，爱女梳理的发辫，

梳理的发辫作答。

爱女穿过的衣着，爱女穿过的衣着，

穿过的衣着作答。

爱女食用的粮油，爱女食用的粮油，

全部留下了五谷丰登的种子。

爱女使过的马匹和犏牛，

爱女使过的马匹和犏牛，

留下了六畜兴旺的种子。

爱女的兄弟，爱女的兄弟，

留下了人丁兴旺的灵气，

爱女的姊妹，爱女的姊妹，

也留下了走亲串友的路子。

土族的整个婚礼过程是在欢乐和歌舞中度过的，除以上歌曲外，还有诸如接车、敬汤、安昭、踏灰、社买，等等。

婚礼是人生的一大喜事，土族流传下来的婚礼曲能使我们透过深情的曲调了解到历史的细节。

文化遗产篇

北川狂欢节

半个世纪前，花儿研究者张亚雄先生在《花儿集》中称："青海是花儿的家乡！"

的确，在青海，有山的地方就有花儿，有水的地方就有花儿，有田的地方就有花儿，正如花儿所唱："一把儿芝麻撒上天，脚夫哥，会唱的花儿有几千？从青海唱到天地边，唱不完，回来了还唱它三年。"

作家钟南则从现代视角写出了花儿的风骨："用最最原始的声音／与现代文明对抗／它处在包围圈中／却无视留声机的轰鸣／青海花儿／似淡淡夕阳里的泛水草／向着过往的雁群／固执地

甩一甩头／一种野性的歌声／翻来覆去地演绎／最最原始的美丽／正如一块石头／被远远地抛在了／古老的高原。”

花儿是产生和流行于青海、甘肃、宁夏以及新疆等地的一种以情歌为主的山歌，是这些地区的汉、回、土、撒拉、东乡、保安等民族以及部分裕固族和藏族群众用汉语演唱的一种口头文学艺术形式。青海也称之为“少年”。花儿有独特的格律和演唱方式，演唱时即兴编词，有抒情和叙事两种，以抒情短章为多，根据格律可分为河湟花儿和洮岷花儿两大系列。青海花儿属于河湟花儿。

关于花儿的渊源，有不同说法，认为花儿产生于明代的学者较多。据研究者们的考察，对花儿最早的记载是明神宗万历年间诗人高洪的《古鄯行吟》一诗：“青柳垂丝夹野塘，农夫村女锄田忙。轻鞭一挥芳径去，漫闻花儿断续长。”之后，有更多诗人吟咏花儿及其盛况，由此可知，花儿的产生应当更早。

如果说高洪是走马听“花”，那么清代诗人叶礼就坐在“花儿”中，描写着“花儿”：“男捻羊毛女种田，邀同姊妹手相牵，高声歌唱花儿曲，个个新花美少年。”一幅田间地头“漫花儿”的乡村风情图悠然而出。

花儿会这一说法的历史并不长，从前民间把这种风俗活动称之为“浪山”、“浪山场”或“浪春台会”，所谓“浪山”也就是春游，花儿里就有“朝山英雄浪山友”之词。经过几百年的发展，“朝山浪会”的活动从以娱神为主逐步演变为以娱人为主的大型民间民俗活动，形成了各地的花儿会，如青海乐都的瞿昙寺花儿会、民和药水泉花儿会、互助丹麻花儿会、大通老爷

山花儿会等，均闻名于世。据史载，老爷山花儿会产生于明代，以场面宏大、参与人数众多著称。

相传老爷山原只有朝山会，清朝末年，一位叫才让曹的藏族姑娘朝山时唱了一支新的“花儿令”，那声音赛过唢呐，那调儿胜过百灵，唱得满山飞鸟俱无声息，人们纷纷跟她学唱，因为才让曹是长寿的意思，那首花儿令就叫长寿令。每年农历六月初六，人们都来和这位藏族姑娘对唱，人越来越多，会场越来越大，就形成了老爷山花儿会。

老爷山花儿内容主要以爱情生活为主线，涉及古代先民的商贸、军旅、耕作、狩猎等大量的生产生活场景，展现了婚嫁、居室、服饰、饮食、交通、岁时民风民俗。其唱词以七字句（一三句）与八字句（二四句）相间的四句体为主，特别规定二四句句尾

民间花儿会

必须是“双字”词，另外一、三句和二、四句分别押韵，形成一种特殊的唱词格律，这在全国汉族民歌中也属特例。花儿语言生动、形象、诙谐、明快，多用赋、比、兴等修辞手法，有极高的文学价值。老爷山花儿有《大通令》《东峡令》《老爷山令》等代表性曲目。这些曲调韵律独特、唱词直白、高亢嘹亮、婉转悠扬，深受大通各族人民喜爱。

花儿会演唱形式有群众自发性演唱，农历“六月六”，在老爷山的密林花丛之中，数十人或上百人自由应和，场面热烈；也有 1949 年以后兴起的有组织的演唱会，有固定的演唱场所，歌手经过层层选拔，在舞台上赛歌竞技。

老爷山花儿会以演唱“河湟花儿”为主，演唱者有汉、回、土、藏等民族的歌手，他们都用汉语演唱花儿，这也是老爷山花儿会不同于其他歌会的显著特点。

据《大通县志》记载，当时大通全省闻名的“花儿王”有回族歌手祁奴海、冶进元、马辅成，土族歌手佛六花、龚尕五、董六斤，藏族歌手相国秀、鲁尕姐、鲁玉明等，回族歌手马辅成、张桂英还曾在全省首届花儿会中获一等奖。在2009年青海“花儿”电视大赛中，大通花儿歌手向国安、童守蓉获金、银奖。2011年，大通六位花儿歌手进入青海“花儿”电视大赛并获奖。

如果说老爷山上朝拜无量佛的朝山会体现了神性，那么花儿会张扬着人性，前山是庄严肃穆的朝山会，后山是温情脉脉的花儿会，人生的两种需求完美地体现在老爷山上。

花儿会是河湟人的狂欢节！在湟水谷地，六月是人们可以直起腰吁一口气的时候，这时庄稼地里的草已锄完，就任庄稼拼命晒太阳抽穗。和煦的轻风，温和的阳光，油油的青草地，万物一派盎然生机，趁着六月六，邀一两位挚友，三三两两，相聚于老爷山上，以花儿传情，以花儿会友，以花儿咏志。

一连几天，漫山遍野，人山人海，歌声如潮，震撼山川。一时间，老爷山上开满了高亢嘹亮、婉转悠扬的“花儿”。

有学者认为花儿会与《周礼·地官·媒氏》所描绘的“中春之月，令会男女。于是时也，奔者不禁。若无故而不用令者，罚之。司男女之无夫家者而会之”场面相似。时处仲春之月，男女可自由相会，也可以“奔者不禁”，倾诉心中的感情，悄悄离开去谈情说爱，共结连理，举案齐眉。据说早先在农历六月初六举行花儿会时，来参加花儿会的男男女女社交完全自由，自由对歌，自由交友，不少人因花儿会喜结连理。老爷山花儿会与中原桑林之舞有相似之处，但毕竟是因朝山会衍生的，与中原的桑林之舞又不完全相同。

花儿会上,男女即兴对唱竞技深受人们喜爱。密林花丛之中，氛围宽松，场面热烈，有别于有诸多禁忌“你唱时老汉们骂哩”的村庄。面对盛夏美景，人们可纵情对歌，即兴编唱，或缠绵含蓄，或大胆挑逗。如“老爷山上的刺梅花，扎是扎呀摘两把。只要尕阿姐说句话，死哩活哩（是）我不怕。兔儿钻到刺底下，老鹰来了它不怕。要想把这路断下，除非我把气咽下……”大胆坦率的心声，让心中情感的潮水随歌而起，让萦绕于心头的真爱无拘无束地流淌。“高墙的园子里白牡丹，叶叶儿苫过了塄坎。早起晚夕的我你（哈）牵，你我（哈）没牵过半天。”人们在经受重重物质与精神的钳制后，是花儿让沉重的心灵透一口气，消散心头的忧虑，激发生存的念想，成为熨帖心灵的“护心油”。许多的花儿调令就是对恋人的代称，如《大眼睛令》《尕三妹令》《乖嘴儿令》《红花姐令》《尕阿姐令》《尕阿哥令》《我的人令》《好心肠令》，这些浓烈的调令其实就是庄稼人的爱情宣言！

老爷山花儿会以其独特的魅力吸引着游人，花儿会上人山人海，男女老少，摩肩接踵，人人都着盛装，个个皆露喜色。有身着黑马甲、头戴白帽的回族小伙，有戴漂亮插花小礼帽、腰带绣工考究裹锦缎背心、胸前挂满银项圈、穿云边绣花鞋的土族阿姑，还有一身锦缎藏袍、头戴金玉珠宝首饰、梳小辫的藏族姑娘。他们五彩缤纷的服饰成了花儿会一抹亮丽的风景。

花儿会上的人们没有贵贱之分，没有民族之别，眼中、耳中、心中只有传唱了几百年的花儿，只有呵护心灵自由的“护心油”，只有对幸福、自由的憧憬。有人感叹：“世界上大概再也没有这样场面宏大、参与人数众多、持续时间如此之长的民间文艺活动了。”

花儿是饱含人生哲理、体现人们纯朴感情的一种说唱艺术，既有民间口头诗词的传承，又有民间音乐曲调的传承，是青海民间文学和民间音乐的宝库。花儿还有极其重要的学术研究价值：老爷山花儿会，伴随着朝山会而产生，至今仍然保留着朝山会的依存性特征，花儿中的婚嫁服饰、居室物产、饮食交通、风土人情，为深入研究河湟各族人民过去的经济、政治、文化、宗教、民族提供了史书上没有的资料；花儿中的民风民俗是民俗学研究的可靠证据；花儿中朴素、生动的方言俗语，是研究语言发展史和方言学的宝贵材料；花儿中又有多民族文化交流之后的痕迹，体现了汉、回、土、藏、蒙古等多民族文化交流的历史，花儿是青海各族人民共同的奇葩！

漫花儿

“花儿本是心上的话，不唱时由不得个家（自己）”，追求纯真的爱情、憧憬幸福的生活是人与生俱来的需求，花儿会上的人们坦诚相待，率真的花儿能沟通感情，消除隔阂，拉近距离，对于有汉、回、土、藏、蒙古等23个民族的大通县来说，花儿会无疑是加强民族交流与沟通、减少隔膜、增进民族大团结的润滑剂。

随着现代媒体和商业大潮的冲击，老爷山花儿会呈萎缩态势，为保护这一传统文化，大通回族土族自治县县委、县政府以“保护为主、抢救第一、合理利用、传承发展”的方针，从领导支持、开发、专项资金、宣传等方面全力保护老爷山花儿会，积极申报国家级非物质文化遗产项目，2006年5月20日，老爷山花儿会被文化部正式批准为第一批国家级非物质文化遗产。2010年、2011年，大通又成功举办了两届中国青海老爷山花儿会，游人如织，花儿如海，成为又一大奇观。

蓝天、白云、青草地，在这样的境界中，若没有花儿吟唱，一切都将黯然失色。古老的歌谣用心灵去唱，依然动听。花儿本是心上的话，久久回荡在老爷山山脚下、北川大地上。

古老的民间电影

北川正月里年的味道还没有褪尽，空气中鞭炮的清香依然清新，人们便开始忙着搭台子，那一堆木头木板在大人们的手中神奇地变成一座皮影戏台。

此刻，小孩们嗑着瓜子，着急地询问着皮影匠到来的日期，大人们总是存心戏弄着孩子，惹到孩子们快急哭的时候才告诉他们，只听孩子们欢快的一声，便四散开去。

余下的日子便是等待，自然每天还会去看看戏台子，看看有没有蒙上生绢做的亮子（影幕布）。

皮影匠终于盼来了，小村的人们奔走相告，孩子们是第一

观皮影戏

时间知道消息的，早早地围在戏台子前，看着匠人们往戏台子里搬进几个大箱子，又拿进各种各样的乐器。

随着欢快的唢呐声，戏台子前坐满了人，胡须花白的老汉一手拿着旱烟杆，一手抱着孙子。老太太们则急切地等着影子匠往亮子上摆放皮娃娃，等待是那么急切又欢欣的事。

随着悠扬的二胡响起，皮娃娃们一个个地被影子匠请上了亮子，照例第一出戏是《天官赐福》，人们借着皮影祈求来年的福气。老汉怀里的小孙子们等待着，等待着，他们等待着亮子上激动人心的皮娃娃打斗翻跟头的时候。终于等到了，过了看翻跟头的瘾，他们会不失时机地向爷爷要东西，而这时的老汉们早已迷在皮影中了，便随手拿出钱塞到孩子手中，一会儿时间，戏台子前的孩子消失得无影无踪，而小吃摊前面密密麻麻地围满了小孩。

皮影

这是北川大地，乃至整个河湟谷地特有的景象。

皮影是北川大地的古老电影，尽管如今电视节目繁多，从网上能看到更多的娱乐节目，但北川乡村的老人们总固执地认为没有皮影的村庄是没有活气的，没有皮影的年是没有味道的。

唱皮影也是大通北川祈福的诉求，在春节、二月二、四月八、六月六等传统节庆期间演出，自然第一场皮影就是《天官赐福》，祈求国泰民安、风调雨顺、五谷丰登、六畜兴旺、家和人兴……

听着沧桑的唱腔、悠扬的旋律，看着色彩艳丽的皮娃娃，人们怎么会想到这也是一种最古老的“电影”，它竟然还是现代电影的始祖呢。

法国著名电影史学家乔治·萨杜尔在他的巨著《电影通史》中曾把中国皮影戏称为“电影的前驱”。皮影戏的皮娃娃(皮影件)由艺人操纵，通过光源投影到幕布上成为“戏”，与电影有共通之处。

皮影戏，又叫灯影戏，早在晋代就有记载，晋代《搜神记》一篇文中说：“……言影戏之源，出于汉武帝李夫人亡，齐人少翁言能致其魂……少翁夜为方帷张灯烛。帝坐他帐，自帐中望之仿佛夫人像也，故今有影戏。”

据考，皮影戏始于唐代中晚期或稍晚的五代时期（7 世纪至 8 世纪）。已故文学家孙楷第先生著文称，当时寺院中的僧人超度亡灵时，常用影人喻作死者的灵魂。

至宋代（960 年至 1279 年）皮影戏与说唱艺术结合，成为兴盛于当时的一种市民文艺。宋人高承著《事物纪原》说：“仁宗时，市人有能谈三国事者，或采其说，加缘饰作影人，始为魏、蜀、吴三分战事之像，至今传焉。”

宋代画家张择端所绘《清明上河图》,就有汴梁傀儡影戏之类。

皮影戏还是最早传入西方的中国表演艺术。波斯的历史学家雷士丹丁记载了成吉思汗的军队在波斯演出影戏的情况。

1767 年，法国传教士居阿罗德把中国皮影戏带到法国，成为一种时髦的外来艺术，并且在此基础上创造了法国的影戏。

1776 年，又间接传入英国。

1774 年，德国大诗人歌德曾在展览会上向德国观众介绍中国皮影戏。1781 年 8 月 28 日，歌德举办中国影戏演出来庆祝自己的 32 岁生日。

近代史学家顾颉刚在《中国影戏史略及其现状》中认为:“中国皮影发源地为陕西，自秦汉隋唐当皆以其最盛。”由此可见，皮影艺术，源远流长。

据《大通县志》记载：约在明崇祯十七年（1644 年），皮影戏传入青海大通。

至民国三十四年间，大通县已有 8 名皮影艺人，即景阳乡杨进春、杨生辉；洪水沟杨思明、杨文辉；鲍堡杨得辉、顾六十二、张举义；谷谷家的包世英。直到今日，还有皮影艺人周邦辉，皮影雕刻艺人刘国龙、雷吉林等人。

在乡村，每至皮影沧桑的唢呐响起，大人小孩都会迫不及待地围向戏台子。在生活单调的乡村，这不仅是一种娱乐，更是一种精神的净化，不少人在戏台前听着戏，想着自己的心事，唱到伤心处，潸然泪下。皮影撕扯人心的力量，在于它夸张生动的皮娃娃，在于它沧桑、质朴的唱腔，还在于洞穿千年世道人心的剧本的文学魅力。

皮影戏是集美术、音乐、文学于一体的综合艺术，由皮影件（皮娃娃）、乐器、艺人（影子匠）、影幕（亮子）、剧本（本子）组成。

多年以来，大通皮影形成了自己独特的雕刻工艺和特点。皮影件的雕刻是件复杂的过程，原料十分讲究，以质坚而柔软的高原六七份的黄牛皮作为原料，经过 10~15 天的清水浸泡、晾干，再通刮、铲等手法，把皮子两面铲到透明的程度，再压平研磨至透明状，缺皮过程始才完成。接下来就是构图、雕刻、着色、培烤、定连等工序，一般从沤牛皮到定连完成，需要二十天。

大通皮影雕刻手法讲究“走皮不走刀，皮转刀不转”，它的雕刻手法有两类：一是“取皮留线”，即刻空脸部，保留边线，借助线条刻画丰富的人物面部，属“阳刻”，叫“空脸”或“净脸”，多用表现生、旦角；另一类“取线留皮”，即空出脸谱纹样和色彩装饰，叫“满脸”或“肉脸”，属阴刻，多用于“花脸”和净、丑角色。有时为使面部造型显出强烈的色彩对比，采用阴阳雕刻结合的手法。

大通皮影在着色上讲求色泽艳丽，一般用紫铜、朱红、普

皮影制作

蓝等矿石为颜料，以红、蓝、黄、绿、纯紫为主色，形象夸张，色彩斑斓。大通皮影的雕刻艺术继承了汉代石刻画像的手法，同时汲取了青海民间剪纸、绘画、雕刻的艺术手段，融合外地皮影造型特点，形成了外轮廓以直线概括、俊俏有神、着色鲜艳的艺术风格。

"一口叙述千古事，双手对舞百万兵"，实际上影子匠是皮影戏的灵魂，没有影子匠的演唱，皮影的魅力无法体现。皮影的影子匠至少有四人，称为把式、上手、中手、下手，把式为主演主唱，一人多角，唱念并做，一边操作皮影子，一边用手势指挥其他人。皮影戏乐队由打击乐、弦乐、管乐组成，打击乐有板鼓、战鼓、小锣、大锣、镲、梆子、碰铃，弦乐有唢呐、笛子等。

大通皮影戏唱法沧桑、粗犷，唱腔属于板腔体，主要曲调有阳腔、阴腔、滚板、尖板、阴阳道情等，其演唱风格与韵律吸收了青海地方曲艺、民间小调的精华，演唱时用和声帮腔，拖腔婉转悠扬，摄人心魄。

自然唱还是离不开剧本，皮影的本子分为花戏和踏本两大类，内容有从商汤到明清的数百个传统剧目以及神话、历史传说、故事改编的剧目，如《杨家将》《黄河阵》《全家福》，有以现实为题材创编的现代剧目，还有皮影匠即兴创作的唱词，这些唱词诙谐幽默、贴近现实，或劝人心，或针砭现实，有时还会把村子里的鸡零狗碎也编进戏里去，每到这时，全场笑声不断。

皮影是乡村的欢乐，是乡村的灵魂。有些老汉为了看戏，宁愿多走几里的山路，背着馍馍、提着暖瓶。有人评说皮影戏是“真人借假人的影子迷人，假人借真人的唱腔抒情”，“借虚事指点实事，托皮人度化真人”。大通流传已久的皮影戏所传达出的价值观念、伦理思考，以及其他乡村文化元素默默滋养着一代代农人的心灵。

其中已故艺人包世英演唱的《辕门斩子》，可谓家喻户晓、妇孺皆知，其唱腔纯正、唱词清晰，表演以粗犷酣畅著称。戏里边最精彩的一段是穆桂英单骑救夫，反将公公杨六郎打败，迫使杨家答应了这门婚事。杨家借穆柯寨镇寨之宝降龙木大破了诡秘的天门阵，又一次在危难之时拯救了北宋。整部戏结构严谨，悬念迭起，中间又夹杂北宋名将焦赞、孟良二人的插科打诨，紧张中透出舒缓，严肃中透出幽默。民情风俗、人情礼节尽现其中。戏迷们在爱国主义情感的陶冶中又采撷到了浓郁的乡土生活情趣。比如当穆桂英打败杨六郎之后，焦赞、孟良说道：“怕了，怕了，公公见了儿媳妇（者）怕了。”引得男女老少哄堂大笑。据此，民间在指责农户家违背伦理常规时会借题发挥“杨家门里没大小，儿媳妇夹上公公跑”，其中既有责备，又有认同。

民俗学家钟敬文在《谣俗蠡测》一书中，记录了 1963 年观看皮影戏的所见所感：“我们时而闯进迷幻奇境，时而走入现实生活之中，时而激起壮烈无比的感情，时而引起欢乐或悲伤的情绪。当剧情发展到最沉痛或演技表演得最美妙时，几百人的戏座上真是渊默无声，连老婆婆的咳嗽都听不见。”

皮影匠对于每次演唱，都是带着近乎神圣的心情来“一口叙述千古事，双手对舞百万兵”的，那些皮影在他们的手中，

皮影匠的绝活

不再是冰冷的牛皮，而是一个个有着鲜活灵魂的人。戏如人生，人生如戏，有时不分戏里戏外、亮子内亮子外，都被一种人生体认的场包裹着。说起看皮影还有一件趣事，一天晚上，皮影戏几近结束了，突然天空中飘起了大雪，人们三三两两地离开了，亮子前只留下一个人，他冷得实在受不了，就让影子匠让他进戏台里看戏，影子匠气定神闲地看看天，又看看亮子外，挥手

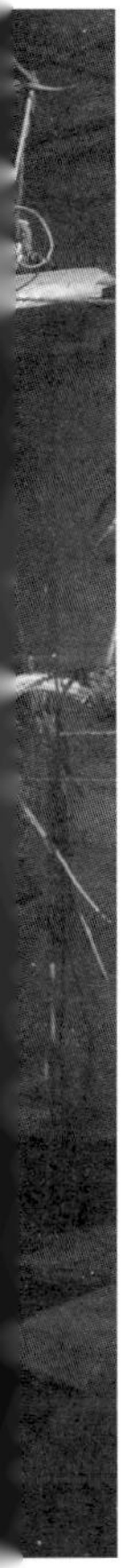

让他进去，但影子匠手中的皮娃娃依然生龙活虎，影子匠的唱腔依然字正腔圆。戏台外鹅毛大雪，戏台内影戏不断。这也算得上是超级影子匠和粉丝了。

如今随着影视作品和网络传播，这一古老的皮影艺术正面临着困境，影子匠后继无人，皮影艺术渐行渐远。

为了不让皮影艺术成为遥远的绝响，大通正在行动。2008年，大通皮影作为河湟皮影的重要组成内容，被列入国家级非物质文化遗产名录。2008年大通被省文化厅命名为大通皮影产业示范园，随后大通又斥巨资全力打造大通皮影品牌，投资制作皮影展架、雕刻皮影影人、光碟、明信片等。2009年，大通皮影年演出、雕刻销售收入达25万（包括10个皮影演出队收入），占全县文化产业总收入的16%。2010年，大通皮影应邀远渡重洋，将皮影唱到了国外——奥地利。

远古的祈福

鲜红的对联，清脆的鞭炮，穿着新衣服的孩子们在小村里跑来跑去。年终于在人们一年的劳累中来了，吃和喝早已习以为常，但人们还在企盼人生的另一种狂欢，这就是社火。

在青海东部的河湟谷地，每年春节的耍社火是最为隆重而又最具特色的传统风俗。社火表演规模大，延续时间长，参与范围广，真正称得上是青海大地上盛大的新春“狂欢节”。

自然舞龙、耍狮子、划旱船、唱小调是必不可少的，但在这让人眼花缭乱的狂欢盛宴中，在大通县与上孙家寨相距不远的黄家寨镇的黄西村和黄东村，至今流传着一种古老奇特的社

“四片瓦”舞

火表演舞蹈。

演员们两手各持两块瓦片，脸上画着简易的青蛙脸谱，表演时挥动瓦片，发出有节奏的响声，并模仿青蛙的肢体动作边舞边走，并时时变化出各种舞蹈队形。独特的道具、柔和优美的律动、多变的节奏和纯粹的原生态特色，再加上神奇的青蛙脸谱，不仅给人以美的享受，更为欢腾的社火表演增添了几分神秘气息。

这就是闻名遐迩的“四片瓦”舞。

它的表演形式与众不同，是一个由多人参与表演的群舞。舞者脸部都画有青蛙的形象图案——以人的鼻子为基体，画出青蛙的身体，鼻头被画作青蛙的头部，鼻翼两侧及嘴的上部画上青蛙的前肢，眉毛的部位对称地画着青蛙的两个强有力的后腿，一个惟妙惟肖的青蛙脸谱就画在了演员的脸上。演出道具也很奇特，得名也缘于此——四片形似瓦状的道具，宽约2.5厘米，长约10厘米，采用骆驼的腿骨作为材料，是由于骆驼的骨质细密，敲打起来声音响亮。而现今骆驼的骨头不易找到，人们便选用了材料易得并且同样也能发出清脆响亮声音的竹片了。“四片瓦”舞的表演动作原始而古朴。舞者大多模仿青蛙的蹲跳、游动、鸣叫等最能表现青蛙形体特征和行为语言的动作编排队形。随着身体的舞动，手中的瓦状道具敲出了阵阵的蛙声，此起彼伏不绝于耳，好似无数只青蛙跳动于田间，为人们消灭危害庄稼的害虫。

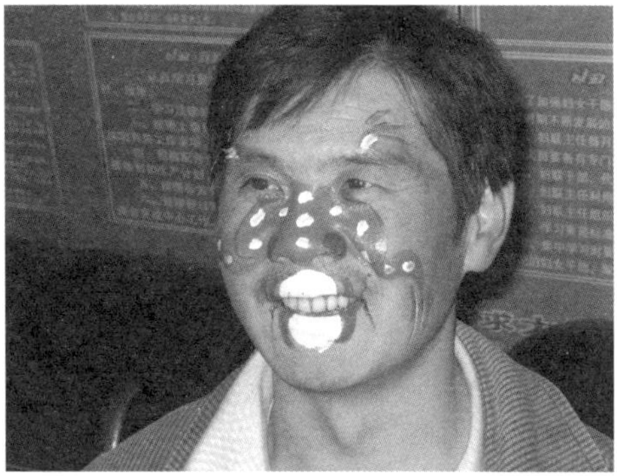

脸部特写

这也是青海社火舞蹈中绝无仅有的舞蹈形式。“四片瓦”舞已经被列入省级非物质文化遗产保护名录。

村子里的人人都知道演“四片瓦”舞是为了保佑农家五谷丰登、粮食满仓。但是，当地竟然没有一点儿关于“四片瓦”舞起源的民间故事和传说，更无人知道这个奇特民间舞蹈的传承和历史渊源。

这种社火舞蹈鲜明的地方特色和浓郁的生活气息令人赞叹，而更让人分外称奇的是它原始、古朴的形式背后，竟蕴藏了中华大地上古老文明的智慧信息和原始文化的多重内涵。

据有关资料表明，“四片瓦”舞是远古蛙图腾崇拜的重要遗存，目前仅流传在大通县黄家寨镇的黄西村和黄东村；该舞蹈的保护和传承对人类学、民族学和原生态学的研究都具有十分宝贵的价值。

今天的社火表演起源于原始的祭祀舞蹈。作为最古老的风俗，社火在中国有着数千年的历史。它既产生于原始的宗教信仰，是远古时期巫术和图腾崇拜的产物，也是古时候人们用来祭祀拜神进行的宗教活动。歌舞祭祀，意在祈求风调雨顺，五谷丰登，国泰民安，万事如意。

早在远古时期，人类对自身和对自然的认识水平非常单纯和肤浅，面对一切无法预料的自然灾害都表现得束手无策。在这样的历史背景下，祭祀活动便应运而生了。人们通过祭祀之仪，表达对天地、神祇、祖先的敬畏之心和报答之情，同时也祈求着消除灾难和威胁……于是，祭祀活动日益兴盛起来，并逐渐成为了最主要的民俗。通过不同形式的祭祀仪式，人们让自己和那变幻莫测的大自然联系在一起，在不断的沟通和发展中塑造出理想的生存空间。据史料记载，到了周代，逢腊月就要围猎，用捕获的野兽做“牺牲”进行祭祀，祭祖先，祭百神，表达人们朴素的追求和向往。

远古时代的腊祭就这样产生了。作为农耕文明的遗迹，腊祭不仅是最重要的祭祀活动，也是一项重大的礼仪。隆重的腊祭，既是充满了古人无穷想象的智慧之作，也是表现敬畏之心、表达祈福心愿的精神寄托。每次的祭祀活动中，能降伏洪水猛兽和各种虫害的生灵或力量，便成为了崇拜和祭祀的对象。

崇拜意识消减了古人对生老病死、人生无常的恐惧。青蛙能吞食虫类、保护庄稼，自然就成为了祭祀的神灵。

于是，伴随着阵阵祈求丰收的蛙声，“四片瓦”舞穿越了千年的时光隧道，在高原沉淀成了远古的绝响。

古老的社火风俗，随着社会的发展和人的认识能力的提高，从最初的“娱神”活动逐渐增加了“娱人”的成分，因而社火表演时，脸谱面具就显得必不可少而又妙不可言。那些远古的遗存中所见到的各种各样简单线条构成的图像，其实就是古人对生命的自拟和对自然特质进行模仿的意象。

“四片瓦”舞表演

但是，从文献资料记载来看，在我国古代中原地区的民风习俗中，对青蛙表现出的只是一种生殖崇拜思想。把青蛙供为祭祀的神的民俗颇为少见。因而“四片瓦”舞中青蛙被作为祭祀的“神祇”，接受人们祭拜的现象就非常耐人寻味。

据学者们多年的研究考证，陈荣终于得出了这样的结论：脸谱起源于周秦时的傩舞。“傩”本是传说中的一种神鸟，后被人格化，成为一种祭祀表演。傩舞是周代在傩祭基础上所形成的一种驱鬼逐疫的宗教舞蹈，而“傩”的明显特征便是戴假面歌舞……面具在这里起到了人与神的转化作用。

从远古时代遗留下来的民间腊祭活动，在岁月悠悠的长河中不断发展变化，从最初迎昆虫为神，敬畏昆虫，祈求昆虫不要危害庄稼，到后来转变为迎昆虫天敌的神，祈求它们制服消灭昆虫……青蛙能吞食虫类，能使庄稼免遭虫害，它的这个特性古人很早就认识到了；青蛙对保护农作物有功，是应该受到人们“迎而祭之”的礼遇的。同时，在民间的蜡祭仪礼中出现了迎青蛙神的舞蹈——“四片瓦”舞。

历史的轮廓清晰可见，但历史的细节永远是一个不解之谜。望着那些朴实憨厚的村民们用朴素的行动表达着思想、用虔诚的舞蹈记忆着过去的那一刻，仿佛在富有节奏的瓦片敲击声中，一个来自民族远古的景象就忽然展现在了我们眼前。

画上面具是神，洗去面具是人。“四片瓦”舞承载着祖先们的追寻，启迪着子孙们的智慧。

望着黄西村亘古不变的蓝天，看着麦田里的麦捆，听着阵阵瓦片敲击声，我们似乎又回到了古老的过去，阡陌纵横，村寨稀落，鸡鸣犬吠，长满青草的塄坎上，是那些忙忙碌碌的蚂蚁；麦熟时节的月光下，是为庆祝丰收，敲着瓦片，应和着清亮的蛙鸣，跳着祈福之舞的古人们，他们跃动的步调是那么急切，以致湿润了我们的眼。

幽婉的心歌

在我省丰富多彩的各民族民间曲艺中,回族宴席曲独树一帜。

回族宴席曲是回族同胞在婚庆喜宴场合中表演的一种曲艺,至今已有近五百年的历史。它不仅曲调悠扬,辞令优美;而且内容丰富,叙事完整,是回族群众真实情感的生动记忆。尤其长久以来的口耳相传,使回族宴席曲原生态的特征格外明显。

2006 年,回族宴席曲被列入青海省省级非物质文化遗产名录……

金秋时节,北川大通沉浸在丰收的喜悦里。

粮食已堆积在仓库里，一年的辛苦总算告一段落了，此时的回族村落不时传来喜庆的消息。

来到塔尔湾村时，正赶上一场“宴席”，也遇到了宴席曲把式海生朝老人。

“宴席”是当地回族对婚礼的别称。和青海许多回族聚居的地区一样，当地的回族群众都把举行婚礼或办喜事称为“宴席”，把参加婚礼、送亲叫“吃宴席”。

婚典喜庆的“宴席”上唱“菜曲儿”，更是沿袭了几百年的传统习俗。

唱宴席曲

华灯初上，新婚人家喜气洋洋。这时，在庄子上小有名气的几位唱家，被好奇的人们簇拥着，高声唱着走进了东家的庭院：

恭喜恭喜大恭喜，
在路的亲戚们来恭喜。
你唱个我来我唱个你呀，
欢欢乐乐地来恭喜。

恭喜恭喜大恭喜，
东家门上来贺喜。
打一个调儿唱一个曲，
娶了个好姑娘陪女婿。

一曲唱罢，曲把式们被男女老少众星拱月般地围在庭院。热情的主人端茶倒水，盛情款待；而围坐在四周的听众们则急不可耐地高呼着，要求唱家们尽情演唱……整个村庄便歌声接连不断，笑声此起彼伏，沉浸在无限欢乐的气氛之中。

唱完向东家贺喜的恭喜歌后，曲把式们又载歌载舞，唱起了夸赞新人的赞美歌：

头戴官帽者你生得俊，
身穿的衣服松板林。
世（哈）得干散长（哈）得好，
模样就像是杨宗保。

一对曲把式方唱罢，就有另一对曲把式迫不及待地登场，夸赞起了两亲家：

这个大门朝南开，
斗大的元宝滚进来。
马驮金来驴驮银，
骡子驮的是聚宝瓶。

这种在喜庆场合的演唱，就是远近闻名的宴席曲。它不仅是西北回族中流行的最古老、最典型的民间歌舞形式，也是回族群众举行婚礼时不可或缺的一道精神佳肴。

“抬起嘛头儿瞧啊，抬起嘛头儿了瞧，诸位上席里坐，我们开始曲儿（俩）闹……”演唱者手舞足蹈，接连唱起了《劝世人》《高大人领兵》《白鹦哥》《闹五更》等脍炙人口的传统曲目。歌声荡气回肠，表演绘声绘色，引人入胜。

直至夜深人静，庄廓外面的打麦场上也燃起了篝火，院内院外被人们围坐得水泄不通。男女老少都静静地观赏着曲把式的表演，回溯在那些久远的岁月里，沉浸在悲伤或欢笑的故事中，让禁锢的心灵自由地飞翔。

据资料记载，这种古老的说唱表演艺术已有二百多年的传承历史。《回族简史》记载：关于回族的来源，可以上溯到公元7世纪中叶。这一时期正是回族形成的年代，有了回回民族就有了回族宴席曲。回族形成的时代，正值我国唐诗、宋词、元曲

宴席曲表演

产生并十分昌盛之时。当时的民歌对词、曲的产生和发展的影响应当是十分重大的。早在南北朝和唐宋时期的文化大交流中，已有外域少数民族的许多民歌传入内地，很快与中原民歌合流，成为一种崭新的音乐体系。后来，这种民族音乐传入宫廷，因主要用于宴席间的歌舞，故称“宴乐”（燕乐）。到了宋末元初，我国南北方流传的民间小曲更为兴盛，音调豪放跳跃，旋律欢快热情。这种艺术形式的出现，引起许多民间艺人的广泛兴趣，他们从中筛选、提炼、加工、创作出很多著名曲牌。比照现在残存的宴席曲曲调、曲文来看，回族宴席曲产生于当时的一种民间“散曲”。从宴席曲的内容和表现形式来看，它是从元曲中脱胎演变而来的一种民间说唱表演。据此，有学者推测，回族宴席曲在华夏大地上至少已经传唱了五百多年。

大通回族宴席曲多元一体，既有共性，又有不同地方的差异性，形成了不同的风格。以宝库河为界，分河东、河西宴席曲，河东所唱地区有新庄、药草滩、塔尔、石山等乡镇，河西所唱地区有极乐、斜沟、良教等乡镇。曲调丰富、辞令优美、叙事完整，涵盖了回族群众数百年来生产、生活、爱情、婚姻等方方面面的内容。有表现劳动生活的，如《庄稼人》《上新疆》；有描述男儿英雄壮志的，如《草天参军》；有叙述旧时军征苦难的，如《高大人领兵》《吃粮人》；有反映爱情悲欢离合的，如《张高鸟》《四季盼丈夫》等等。其音乐旋律除了传统的汉族音调，还融合了伊斯兰文化中的招祷音调、咏经音调、礼拜音调等；同时，由于回族文化组成的多元化特征，宴席曲歌词中还常常用阿拉伯语、波斯语等词汇。

在漫长的发展演变过程中，今天的宴席曲中还包括内容风趣诙谐的打搅歌和以传说、故事为内容的小曲。如《麻鹅》（“鹅”方言读 nuo 音）中，表演者拉着一只造型夸张的大鹅，口中念念有词：“鹅、鹅，往前挪，这一个娃娃（哈）瞌睡多……”语言活泼风趣，动作幽默滑稽，让人忍俊不禁。有时，在演出进行到一定火候时，曲把式们还装扮滑稽地登场，即兴编词，用顺口溜的形式惹笑逗乐或插科打诨，如“大郎学下的烙铁匠，把钢加到刀背上；二郎学下的好木匠，把人家的大门倒立上；三郎学下的老鞋匠，鞋掌哈钉给者脚背上……”。习惯上人们把这种激发情趣、引人捧腹的艺术形式叫打莲花，也叫打搅儿。

劝化人心的劝喻歌和借古喻今的历史人文歌是回族宴席曲的主要组成部分。这些曲目大多故事完整，曲调深沉悲戚。如《方四娘》，叙述了美丽、聪慧的方四娘因婚姻不幸，倍受来自多方面的折磨，在走投无路的悲愤中悬梁自尽的凄惨故事。旧时代的惨无人道和美好事物遭毁灭的无奈与尴尬，共同营造出强烈的悲剧效果,常常让听者泣不成声。又如《祁太福领兵》《孟姜女》等，这些唱了又唱的古歌，带着忧郁的神情，在高原上千折百回，在几个世纪历史的沧桑洗礼中，历久弥新，感人泪下，催人向上。

大通回族宴席曲是一种集歌舞于一体的曲艺艺术，主要在举办婚礼时演唱。它始于本土民间文化，经过与各民族间的音乐交融，已经成为包容文学、音乐、舞蹈、说唱于一体的民间文化。演唱形式有独唱、齐唱、坐唱、对唱。过程一般无伴奏。曲调一般为一词一调。由于地区不同和在流传过程中的不断发展变化，有些曲目出现了一词多调的现象。宴席曲曲调复杂多变，调式大多为徵调、羽调和商调式，有 2/4、4/4 节奏，也有 3/4、6/8 节奏，宴席曲的调式大多为历史故事、民间传说、民间生活故事、先知告诫等，也有见人说人、见物说物、即兴发挥的表现形式。伴舞动作有“抡扇子”、“鹞子翻身”、“拉鹅”、“钉缸”等等。打击器具有碟子、筷子；表演道具有扇子、红绸缎；服饰有老羊皮皮袄、草帽等。大通宴席曲作为表现各种复杂内容及其情感的民族民间艺术，在曲目、曲调、节奏及旋律等方面，已形成了一套完整的体系。

宴席曲表演

夜深了，那些曲把式却没有一点儿倦意，桌上早早摆着东家泡好的盖碗茶。

此刻的海生朝老人成了运筹帷幄的将军，把握着宴席场的气氛，唱到高兴处，他就换调唱悲苦的《方四娘》，述说方四娘在婆家受尽折磨自杀，女客们无不低声叹惋。

宴席曲曲调大都婉转而柔和，歌词优美而动听，节奏欢乐而轻快，气氛喜庆而热闹。演唱者边歌边舞，有时唱到动情处，众人会齐声而合，使每个参加婚礼的人都如痴如醉，其乐融融，为新婚典礼锦上添花，喜中加乐。

然而宴席曲的灵魂还在于它所携带的浓浓的忧郁。曲把式们常说："家里嫑唱《莫奈何》，出门了嫑唱《祁太福》。"因为这些都是苦歌，唱起这些苦歌，会情不自禁地流露出一种忧郁，从历史深处带来的一种忧郁。有人说忧郁是音乐的灵魂，宴席曲大漠旷野般的寂寥、宏阔，像层峦河流一样悱恻、委婉，千回百折，在深深的忧郁中有一种穿越、渗透的力量。它们道出了生活的沉重甚至是荒芜，唱出了男人不轻弹的泪水，女人诉不尽的思念。

这是一种遥远的、阻隔万千的呼唤，既凄然又温暖。这样的歌声，有时是开放的，如大风，如雄鹰，如马嘶，如季节河里奔腾而下的洪水，那是男人刚毅、勇敢的冲突，那是火热的深沉和寂寥的情感的交织奔涌。歌声又是压抑的、千折百回，千难万险，似乎无数痛苦的经验为歌声的泛滥立下了屏障。

你听听："高高的山上一只羊，口儿里吃草心儿里慌，前怕刀子后怕狼，两只眼睛里泪汪汪。"一首宴席曲，感心动耳，荡气回肠，由不住唏嘘哽咽。

场面沉寂时,海生朝老人又峰回路转,唱起了幽默滑稽的《巧打扮》：

“……耳朵背后的垢痂串，眼角屎迷住着路不见。……”“新媳妇的一泡尿，淌掉了女婿的鞋、袜、帽，叫醒大家了赶紧捞。公公找来了搬船桨，婆婆拿着捞鱼网……”

随即有人应声而舞，有摆头、抖肩、踏步的动作，模仿鸟类的“黑鹰展翅”、“鹞子翻身”、“鹦鹉翩飞”。这时老艺人“和尚”翻穿皮袄，头顶破草帽，眼挂萝卜圈眼镜出场了，姿势滑稽，诙谐的唱词惹得人们哄堂大笑。

前来“扎帮”的人中除了能“装”会唱者外，其余都挤在各个角落里听唱和看“装”,宴席场中把这一部分称作“立口袋”，或叫“口袋匠”。虽然他们在演唱中无所作为，但对整个宴席场的盛衰起着关键作用，要是东家不小心惹翻了部分“口袋匠”，他们就会串联起来高喊一声“走”，众人一哄而散，东家也会遭到亲戚和庄员的埋怨。而他们高兴的时候，宁肯站着打盹也不回家。东家热情地接待他们，随时给他们手中递上一碗热茶，给那些未来的曲把式小手中塞上两块糖果。

唱宴席曲也有剑拔弩张的时刻，那就是与当地的曲把式斗曲儿，一问一答，换词换调，互相发难，当然最乐的还是听客们。

午夜时分，东家炒上一锅牛肉粉条洋芋丝，大壶里提来了热物茶，让所有的人来一顿夜餐。吃饱喝足之后，各就各位，清脆的曲儿声又响彻在夜空中。

唱了一夜，曲把式们的嗓子依然清亮，海生朝老人一点儿

回族宴席曲《拉鹅》

也看不出疲惫之态。然而天下没有不散的宴席，黎明时分，曲把式唱起了结束曲：

初一十一、二十一，多谢了东家的好心意：初八十八、二十八，多谢了东家的好香茶……

人们各自回家，此时东方露出了鱼白肚。

面对在风雨中摸爬滚打的老艺人们，我想起评论家雷达先生的话：“古老的歌谣，用心灵去唱，也依然动听！”

拙手出芙蓉

一位身着七彩艳服、头戴土族特有帽子的土族卖花姑娘向我们走来，她肩上挑着两只花篮，花篮里的花开得异彩纷呈，全是北川大地人们喜欢的花，那些花儿夸张地漫天飞舞，似乎这世界只剩下了这飘飞的鲜花。

这就是朱锦忠曾获得第四届世界妇女代表大会巾帼画展金奖，并被中国历史博物馆收藏的农民画《卖花女》，整幅画画面构图大胆，造型自由夸张，形象细腻质朴而富有生命力，以白色为背景色，色彩单纯鲜艳和谐，吸收了油漆彩绘的表现手法，用同色调的深浅浓淡渐次法则，进行色彩搭配。对人物容貌描

卖花女

绘又吸收了藏传佛教唐卡画法，使画面富有浓厚的青海民族特色。作品植根于青海民间艺术沃土，糅合了青海特有的剪纸、刺绣、编织、唐卡、皮影造型表现手法，变立体为平面，画法多用单线平涂，色彩浓重，对比强烈。构图对称均衡，画面空隙处衬托民间传统装饰纹样，显得饱满充实。

走近大通农民画时，那些过去的记忆全复活了。

有熟悉的土族阿姑热火朝天地烙馍馍的景象，当金黄的锟锅摆在人们周围，那香气就飘荡在村庄的上空；还有熟悉的田间挖洋芋的景象，那一个个硕大的洋芋白生生地躺在土地中，让你不能不由衷地赞美生活之美。

《喜闹新春》

大通人心上的“护心油”——花儿，也用彩笔记录下来了，一幅《花儿与少年》中表现了土族小伙与土族姑娘对歌的情景，周围还是那夸张得似乎有点变形的花朵，仿佛那些花儿就是在恋人们的对歌中一朵朵盛开，灌注了爱情的歌曲哪儿能没有魔力呢？

大通农民画孕育于传统剪纸、刺绣等民间艺术，它既是一种传统的绘画艺术,又是一种渐而成熟的新型画种。它构思奇妙、构图大胆、充实饱满，造型自由夸张，形象质朴而富有生命力，色彩鲜艳而和谐，它所表现出的丰富多彩、质朴纯真、饶有趣味的乡土风情和原生态形式直抵人心。

大通农民画兴起于20世纪50年代办墙报、黑板报的风气，当时提倡“诗满墙画满壁”，到70年代形成创作高潮，在文化馆美术干部的辅导下，大通元朔乡新添堡村土生土长的农民用握惯锄头的手拿起了画笔，他们借鉴和学习陕西户县农民画，配合当时生产形势，一手拿锄头镰刀，一手拿画笔蘸粉，按照他们对生活的理解和感受，创作出了一幅幅乡土气息浓郁的现代民间绘画。

他们的画可以说土得掉渣，但土得有味道。《老爷山》《花儿与少年》《卖花女》《花香奶甜》《丰收鼓》《水磨》《打山灰》《夯歌》，光听听这些名字，就足以让人想象出浓厚的乡村气息来。

大通的农民画中，表现最多最生动的是他们的生产和劳动，无论是春耕秋收，还是养鸡、鸭、牛、羊都倾注着作者对现实生活、对劳动、对土地、对未来满怀爱意的情感与美好憧憬。在画田野、山水河流等自然景物和画鸡、马、牛、羊等动物时也不仅只把他们当作一种自然美来表现，他们的画作中积淀着对生活的体验和感情，有着直抵人心的力量。

《彩龙当空舞》

提起大通农民画，是绕不过农民画家朱锦忠的，这个人见证了大通农民画的兴衰。他是中国农民书画一级画师、中国农民书画创作研究会研究员、青海省美术家协会理事、大通县“文化中心户”，名字载入《世界人文艺术界名人录》。但他是名副其实的农民，一边种田，一边绘画，还一边教学生，在他的影响下，刘统全、史家星、朱广祯、陶万章、何得库等优秀农民画家脱颖而出，新添堡村成为农民画基地。

这些农民画家们也下地劳动，还比别人多样工具——画笔画纸。他们边干活，边观察，歇工时写生，晚上攘臂搦管，以情驱笔，尽情挥洒。村里村外、炕头锅台都是他们眼中之景，小泥屋中挂满了各种草图。

他们有两份耕地，一份是养家糊口的农田，一份是栖息灵魂的农民画，一放下锄头，就拿起笔头，尽管这段路走得寂寞而漫长。

因为对农民画执著的追求，他们的创作在艰难中嬗变着，那种纯朴、向往自由的思想逐步显现于笔端。朱锦忠清新明快、色彩绚丽、充溢喜悦的《卖花女》获得第四届世界妇女代表大会巾帼画展金奖，《烙馍馍》《夯歌嘹亮》《骞牦牛》等一系列乡土作品在全国农民画展中获奖并被国外友人收藏。

农民画与正统学院画不同的是，不重写实重写意，作品想象丰富，朱锦忠的《花儿与少年》《烙馍馍》《夯歌嘹亮》《西红红》等作品都凸显了这一特色，在《花儿与少年》中具有民间刺绣特征的花卉纹饰围绕唱花儿的人，既是幸福的现实的花朵，又是青海民歌花儿，两者相互映衬，寓意深远，整幅画面开满追求自由幸福的心灵之花。

《烙馍馍》描绘的是土乡过年时热烈的厨房情景，在他丰富的想象和表现手法的魔棒下，作者完全无视素材的选择，锅碗瓢盆等厨具一应俱全，平常杂乱无章的厨具却烘托出节日的气氛。《西红红》描绘弯腰摘西红柿的姑娘，四周是色彩、造型夸

《西红红》

张的西红柿，画面简洁质朴，色彩对比强烈，画中一个农民心灵深处的歌声力透纸背。肥硕的西红柿不正是农民的幸福与希望吗？或许躬耕田亩的人更能深切体会收获的快乐。

史家星画了一系列土族题材的农民画，土族绚丽的服饰在农民画中得到了淋漓尽致的表现，七彩的衣袖，华贵的帽子，让人感受到上乡之风。《走向世贸》中一土族姑娘手捧洋芋，洋

芋采用夸张变形的处理，成为画中焦点，也表现了主题。《祝福图》表现了土族一家三代欢聚一堂的景象，色彩大胆绚丽，采用大红大绿的色调，身后大红的福字和儿孙不同的服饰相互映衬，真是幸福满溢。

《走向世贸》

朱广祯的《水磨》也很有特点，作品以写实为主，以水磨为重点，采用夸张变形的手法，突出表现了土族姑娘磨面的场面，洁白的面粉、土族姑娘扫面时灵动的身姿，都让人回味不已。

何得库的《打山灰》表现了烧灰的场面，整幅画采用圆形构图，有回族、土族、汉族等元素，寓意了民族团结，他们挥动的榔头呼呼生风，一块块土灰在榔头下变得粉碎，画面和谐又时时闪动着欢乐。还有陶万章等人，他们都是朱锦忠的学生，都继承发扬了大通农民画特有的白底浓彩的画法，在青海农民画界崭露头角。

《打山灰》

大通农民画作者队伍已发展到300余人，创作作品2000多件，有20多件作品参加了全国历届农民画展览和中国农民画研究会书画大展、中国巾帼书画展。其中获全国性的一等奖1个、二等奖3个、三等奖5个、优秀奖十多个，有近2000幅作品参加了省、市、县书画展览，有多幅作品获奖、刊登发表和收藏。刘统全的作品《花香蜜甜》被德国文化交流艺术团的一位艺术家收藏。朱锦忠的《西红红》《庆丰收》《卖花姑娘》《女画家》《烙馍馍》被加拿大国际友人收藏，有六幅作品被日本外商购买，十一幅入选全国美展，作品《卖花女》获"九五"年中国农村巾帼画展一等奖，并由中国历史博物馆收藏。

大通农民画以农民特有的粗犷、直白的艺术语言，诉说着农民朴素的愿望和对美好生活的向往，画作具有浓烈的民族风情和生活气息，形成想象丰富、造型夸张的大通特色的农民画，其绘画风格和现代派表现手法类似于欧洲"野兽派"，引起国内外画坛的关注，大通县也被国家文化部命名为"中国现代民间绘画之乡"。

飞鸟炊烟、耕牛牧童与晚霞齐归，小桥流水、寻常人家共长天一色，简洁明艳自由驰骋的笔锋渗洇缕缕乡村温情，热火朝天的田间地头、其乐融融的农家炕头，农民画中的形象健康、淳朴、恬淡、快乐，一如这片热土中辛勤耕耘、收获喜悦的农民画家。面对画纸，如同面对耕田，心灵自由、坦然，没有学院派的拘泥和隔膜，只需一份耕牛身后扶犁的平和，用心灵吆喝一声，便轰然耕出一块大天地。

温暖的记忆

正值深秋，沉浸在浓荫里的良教回族乡的桥儿沟村东西两面的山坡上，宛如覆盖着色彩斑斓的绒毯。漫山遍野都是翻滚的麦浪，沉甸甸的青稞穗头，散发着格外诱人的清香。

而村上著名的砂罐制作前辈苏生华老汉家的情景则更令人称奇——偌大的院子里，摆满了砂罐的制作原料和已经做成型的砂罐半成品。

大通桥儿沟的回族民间陶器制作工艺——砂罐，是生活在这片土地上的先民们勤劳和智慧的结晶，是青海高原各民族日常生活中不可缺少的生活用具。

砂罐制作

苏老汉正在院子的另一头忙碌着。他熟练地先将青泥、煤矸石粉碎过筛，然后拣尽土中的杂质，筛出细土，再用大约一比三的比例加上一些碾成细粉并过筛的烧制过的废品，最后加适量水揉和成泥。

随后，苏老汉便走进了作坊。这是一间低矮、昏暗并散发着阵阵潮气的小屋。苏老汉坐在一张直径大约50公分的圆盘前，一边用脚轻轻拨动圆盘旋转，一边熟练地捏塑着圆盘上的泥土，只一会儿工夫，一个造型别致的砂罐罐坯就做成了。听苏老汉介绍，这仅仅是完成了一半的工作，接下来还要粘贴上双耳手把，晾干后再涂上一层白土釉子，然后装炉烧制，整个工作才算完成。

七十多岁的苏生华老汉，在大通桥儿沟制作砂罐已经有近六十年的历史了。热心的苏老汉还常常给参观者现场演示制作砂罐的前期过程。砂罐炉窑就建在苏老汉家的院子中间。其实就是一个高约 1 米、长约 2 米、宽 70 公分左右的长方形火炉。装炉时先在底部炉梯上压一层煤，然后装上成排的罐坯，最后在罐坯上苫上盖瓦，开始点火烧炉。大约需要 2 个小时便可烧成，然后用长钳把烧红的砂罐趁热挟出，晾冷后，一件美观实用的砂罐产品就做成了。

据称，这样的砂罐炉窑每炉可装大号罐坯 70~80 个，小号罐坯 100 个左右。烧制出的砂罐具有耐高温、耐酸、耐碱、韧性好、不炸不裂等特点。

提起砂罐，几乎所有的桥儿沟人都引以为豪。用他们的话说，这是先人们栽下了树，如今的后人们却乘了凉。先辈创下的手艺是不能丢的。

桥儿沟人制作砂罐的历史有 200 多年了。桥儿沟村位于蕴藏着丰富的烧制砂罐的天然红土的娘娘山脚下；加之大通煤矿产出的煤中混合着上等烧制砂罐的青泥，大通煤更是烧制砂罐的上等燃料……得天独厚的地理位置，使得桥儿沟村具备和形成了烧制砂罐的特殊条件。村上的一些艺人们也追述，20 世纪二三十年代，桥儿沟村几乎家家都有砂罐作坊，产品除有大、中、小三种砂罐外还有砂催催、醋壶、双耳煮肉大罐、砂火锅、做

桥儿沟砂罐

饭锅以及坛、盆、碗、药罐等 30 多个品种；贩运者人挑畜驮，到各地交换麦子、清油、家禽和其他产品。

由于砂罐煮茶烧汤别有风味，尤其在气候干旱寒冷的高寒地区，用砂罐熬的茶、煮的饭、炖的肉可以起到提神、助消化、保健康的作用，因而逐渐成为了青海东部农业区各族群众家喻户晓的主要用具。尤其新中国成立后，这种民间制作工艺得到更大发展，人人都能烧制砂罐，曾成为桥儿沟村的一大亮点。

漫步在桥儿沟村的山野田间，任放飞的思绪自由翱翔，我们的目光便会在几百年前的空中飞扬。

考古学证明，陶器的发明与制造，是人类文明进步的重要标志。陶器是人类取之于脚下生存的泥土，第一次利用天然物，按照自己的意志创造出的非同一般性质的生活用品。把柔软的黏土变成坚固的陶器，是原始人类生产发展史上的一个里程碑。

望着苏老汉略显苍老的脸庞和他那一双布满老茧却灵巧的

砂罐制作

砂罐制作

双手，回味着刚刚在他家土炕上喝的，用小砂罐熬出的浓酽茯茶的余香，所有话题和思绪都被一缕缕温暖的记忆围拢了起来，眼前也浮现出了这样的情景：远古时代，人们将黏土做成容器，放在阳光下晒干，使其变得坚硬，然后盛装物什。有时遇上阴雨连绵数日，制陶工匠们就把其放在火边烘烤，由于被火直接烘烤容器变得异常坚硬，无数次的重复，人们从中得到了灵感，于是便有意识地将晒干的容器放入火中烧制，便产生了陶器制作技术。也有学者认为，由于偶然的火灾，使置于房屋中的晒

砂罐制作

干容器烧成了陶器，人们发现了制陶的秘密……

还有学者研究发现，砂罐也是陶瓷的一个分支，耐高温、韧性好、不炸不裂的特点使它拥有了诸多独特的用途。于是，能工巧匠们用它烧制了冶炼铜、银的坩锅，制造出了花样繁多、

玲珑奇巧、优美精致的装饰和生活用品。后来，人们还发现了砂罐因皮层较厚，不易传热，而且耐腐蚀、温度均匀、恒温性强等特点；同时，用它熬出的肉食汤汁不仅原汁原味，味香可口，尤其是煎熬的中药汤剂，药性不变，是其他任何金属或塑料制品望尘莫及的。

罐罐茶是青海各地沿习成的一种饮茶方式，每逢来客，首先以罐罐茶予以招待。在青海农村，家家户户都有熬茶的小火炉和桥儿沟的小砂罐，俗称蛐蛐罐、催催罐、眼眼罐，名目繁多。熬茶时，将茶叶置于砂罐后注入清水，搁在火炉上，青海民间叫炖茶，意在慢慢熬成色浓味香的茶汁。不仅如此，桥儿沟的砂罐无沙眼、无裂纹、不夹生、不变形；无论是熬药的无耳砂罐还是炖菜的双耳砂锅；也不管是烧菜的四耳火锅还是煮粥的饭甑罐……留给我们的都是许多温暖的记忆。

桥儿沟砂罐在青海各族人民生活中占有重要地位，它是青海各民族共同拥有的日常生活用具，是古老文化用具的遗存。

的确，桥儿沟烧砂罐工艺是传统工艺文化的传承，发掘、抢救桥儿沟烧砂罐工艺，对研究河湟地区的历史、宗教、民族、民俗、社会等诸多问题具有重要的现实价值。

伴随着瞬息万变的现代化浪潮，桥儿沟砂罐赖以生存的社会基础发生了变革，特别是受现代工艺品的冲击和品种的增多，传统砂罐工艺面临着新挑战。同时，一些身怀绝技的老一辈工艺大师相继过世，有些绝技失传，无法得到传承，制作工艺也难以提高；加之随着科技和社会的进步，人们的审美情趣不断变化，传统砂罐正在失去市场，深厚的群众基础也正面临着丧失……

目前，桥儿沟烧砂罐发展的空间越来越小，原来几乎整个村都烧制砂罐的盛况已经不复存在，如今只有两户人家的十多个人，利用农闲时间艰难地呵护着祖辈们的遗风。

2006 年，“大通桥儿沟砂罐”被列入青海省省级非物质文化遗产保护名录。至此，这项相传了百年、几乎要消亡了的回族民间技艺，又迎来了一个充满希望的季节……

如果说，在青海大地上争奇斗艳的彩陶留给我们的是远古的遗韵；那么，大通桥儿沟的回族民间陶器砂罐，则给我们带来了许多温暖的记忆……

古老纺织术

一

春夏之交，万木葱茏，青海省大通县上治泉村和石庄村掩映于柳树浓荫之中，村旁227国道边的树林中，人们早早摆出了牛毛纺织工具。

树荫之下，一人摇着老纺车，另一人熟稔地撕着牛毛捻毛线，胸前的牛毛在他们的手中神奇地变成均匀纤细的牛毛线；还有的人置身于老织机前，纡子（缠着纬线）和剁刀（打纬刀）在手中灵活自如，牛毛布在匠人面前不断延长。

谁会相信，这种简单古朴的纺织机竟与江西贵溪出土的春

“单子匠”

秋战国时期崖墓里的木纺织工具几乎相同！

当地流传着“上治泉的口袋匠，深沟的刀”的说法，这些匠人就是大通出名的牛毛纺织者——口袋匠，因所织牛毛布多用来做口袋，当地人称之为“口袋匠”或“单子匠”。上治泉和石庄村两村紧连，据介绍，过去两村三分之二的人家都是口袋匠，家家都有祖辈们剁口袋的工具。至今春夏农闲时节，还有大量的纺织牛毛布的口袋匠们。早在清道光初年，叶礼在《甘肃竹枝词》中写下这样的诗篇：“男捻羊毛女耕田，邀同姊妹手相牵。高声各唱花儿曲，个个新花美少年。”看着忙碌的口袋匠，看着古朴的纺车和十五根木棒组成的简单织布机，不禁让人对逝去的时代浮想联翩，在一派阡陌交通、鸡犬相闻之中，会有一个黄发垂髫、怡然自乐之人向我们迎面走来，令人顿生今夕何年之感。

曾看过一幅民国时西宁的老照片，照片上离西城门不远的湟水桥上，一个人赶着毛驴急匆匆地走向城外，一条大牛毛口袋驮在毛驴身上，牛毛口袋鼓鼓囊囊的。或许里面塞着几样给孩子的玩具和妻子企盼的毛蓝布，那人一脸的欢欣和急切。在过去以牲畜驮运为主要运输方式的时代，这是很平常的场景。

每有结婚嫁娶之事，娶亲的人们就会往牛毛褡裢中塞满“康大茶”驮在驴背上，慢悠悠地赶到姑娘家，新郎不敢听旁人的谑笑，紧跟着毛驴，不时扶扶歪斜的牛毛褡裢。

牛毛有日晒就疏松、遇水就紧缩的特性，牛毛布帐房因不渗水、雨雪不侵、冬暖夏凉、适宜搬迁、经久耐用成为牧业区人们的最爱。牛毛口袋透气结实，贮存的粮食不受潮、不霉变、防鼠咬，成为河湟谷地农业区家庭中的重要家什，至今在一些回族宴席曲流行的地区，还把那些决定场面氛围的热心听众称之为“立口袋”，从另一角度反映出“口袋”在当地的重要性。

二

走进上治泉村陈生林老人家，老两口热情地介绍、演示着剁口袋。

剁口袋有三个过程：弹牛毛，纺毛线，织毛布。

毛线原料是牦牛毛，最好的是牦牛肚裙毛，称为缨毛。弹牛毛时将毛铺在布单上，二人相错而坐用木棍弹打牛绒毛，再用特制牛皮弓线（木橛子、牛皮绳、木手柄组成）弹打蓬松，卷成圆柱状毛团。

大通传统的纺线工具是线陀（纺轮）、捻线杆（纺杆），男人们转动纺轮纺线，但毛线过少，无法满足需求，出现了单人纺车（由一人脚踏踏板转动轮子纺线）和双人纺车（一人摇车，一人或两人纺毛线，一个娴熟的工匠能同时纺出两根均匀等长的牛毛线，三人纺车最多可同时纺四根线），纺出线后缠成线团就可织毛布了。

牛毛布根据长度分 30 庹（约合 50 米）和 50 庹（约 90 米）两种，根据口面（宽度）分为 7 寸、8 寸、9 寸几种，最宽为 1 尺。

根据所织毛布长短，在两头各放一个上置石块的不固定的拧架子，拧架子通过适度滑动来消除剁刀加在经纱上的力量，以免经纱断裂。拧架子上拴滑档子（卷经轴或卷布轴），如毛布较短两端拧架子可固定住。根据毛布宽度，将牛毛线来回牵引着由上而下分别绕过两端的滑档子。

在经纱上架起综架子，并且综板贴紧综梁，综棍上缠绕几圈综绳，依次绕过综梁、综板、经纱，由下而上绕回到综棍并缠绕 4 圈，以此类推。等全部底经穿过综眼后抽出综板，把缠满综绳的综棍、综梁两端穿入综架子卯眼固定住，这时拉木子（分经木）来回移动就可变交、开口，将经纱按单数在上、双数在下分开，形成面经和底经。缠纬线的纡子横穿一次经纱，就用剁刀打一次纬，使其紧密，然后拉回或推过拉木子，形成新纡口再让纡子穿过经纱并打纬，不断重复终成毛布，成为缝制口袋、帐房、褡裢等的原材料了。

演示完所有过程，陈生林老人直起腰，擦拭着额头上的汗，腼腆地微笑着，古朴的织布机静静立在眼前，山顶的烽火台在地上投下长长的影子……

三

大通上治泉和石庄村的牛毛纺织技艺有着悠久历史。

据考古资料显示，河姆渡文化、仰韶文化中已使用纺轮和木制或骨制的打纬刀，河姆渡文化遗址还出土了经轴和卷布轴，表明中国古代先民很早就创造、发明了织机并掌握了纺织技术。

“单子匠”

青海的马家窑文化、齐家文化、卡约文化遗址中都出土过纺轮，大通还出土了玉制打纬刀（现由青海省博物馆保存）。在柴达木盆地诺木洪文化遗址中还出土了用牛、羊毛纺织的毛布、毛带、毛绳和毛线等物，其毛布毛纱均匀紧密，有十字形太阳纹和黑白相间长条形纹饰，表明当时青海先民已经拥有高超娴熟的牛羊毛纺织技艺和悠久的历史。

据大通文物管理所副研究员陈荣介绍，大通上治泉和石庄村这种织机叫踞织机，是继最早腰机之后出现的织机，织者席地而坐，两腿分置于织机两旁，故曰踞织机。石庄、上治泉村等地保存的踞织机，其构造、部件与在江西贵溪考古发现的春秋战国时期崖墓里的木制纺织工具几乎相同，表明大通县良教石庄、上治泉等地的工匠保存和继承了最迟也是春秋战国时期的踞织机及其技艺。

大通处于河湟地带，长期以来是牧业区和农业区交错地带，落后的生产方式和闭塞的交通，使自给自足经济占主导地位。据史载，从元明清以来，这里盛产牛羊毛，光绪年间每年春、秋两季，由湟源、贵德、鲁沙尔、大通等地车载骡驮而来，“西宁城北，湟水南岸，羊毛堆积如山”。得天独厚的牛羊毛资源为织毛布提供了源源不断的原材料。日常缝制口袋和牛毛帐篷所需的毛布都是自产自销。当时西北地区的毛褐、褐子很有名气，据清代苏铣《西宁志·物产》载，元代曾将褐段上贡朝廷。用羊毛褐子做成的衣服称为褐褂，牛毛褐子有“以水沃之，经时不渗”的特点，常用来做帐篷、口袋和褡裢。清代毛纺织业进一步发展，“男捻羊毛女耕田”已成当地农村一大特色。而织牛毛布毕竟费时、费力，为适应农牧业的需要，不少专职的口袋匠应运而生。

大通上治泉村、石庄村是回族村，据大通县志载："明初江右（长江东部）、淮泗（安徽北部）一带居民大量移居西宁一带，其中有一部分回族。后又有数百回族因避战乱从河西一带流徙大通，在今城关、新城一带筑堡盖房，从事农业、手工业生产。今大通良教乡上治泉'口袋匠'……是明代迁来的回族后裔，其技艺至今享有盛名。"另载："明初时有数百名回民因战争失败逃来大通，被蒙古部落首领麦力干等人收留安置，许'各仍其俗'，许多人原是工匠，'善火器'，'多技艺'，现在良教乡的口袋匠、砂罐匠都是由这部分人传承下来的。"

几百年前，这些回回工匠们带着各自家乡的纺织技艺来到这里，又汲取了当地牛毛纺织技艺的精华，依靠当地得天独厚的牛羊毛资源，凭借回族善经商的优势，或携带牛毛布往来于当地民间贸易集市，或自带工具游走于藏区，用手中的剁刀证实着"荒年饿不死手艺人"的古训，父子相传、师徒相授，渐渐地，两村成了当地出名的口袋匠村。

赶集市是口袋匠们主要的销售方式，从上治泉村、石庄村往南走就是新兴起的民间贸易集市——桥头镇，其集市时间为"三、六、九"，往北就是大通老城——城关镇，古称白塔儿，其集市时间为"二、五、八"。大通城关镇在西北地区贸易史上有过辉煌的时代，由于战乱，清政府多次关闭各地茶马互市市场，在顺治十六年（1659 年），西蒙古和硕特部首领与清政府达成划界放牧协议，规定白塔儿（现大通城关镇）为西宁北川茶马

纺线

互市地。这给当地的口袋匠带来了巨大的商机，据《秦边纪略》载，当时白塔儿“四方之夷，往来如织”，市场房屋“皆高堂大厦，且有仓廒”。当时来往于白塔儿的商人有热情洋溢的新疆维吾尔族人，有剽悍的蒙古人，也有八面玲珑左右逢源通晓蒙汉藏语的“歇家”（中介商）。小城之中，各地商人络绎不绝，叫卖声此起彼伏。货物琳琅满目，有西域珍奇，也有中原铁器，本地纺织紧密均匀的牛毛布更是农牧民们的首选。

走藏区是口袋匠们的另一销售渠道。因牛毛帐篷和牛毛口袋的众多优点，牛毛布在藏区牧民和当地农民中销量大。藏区牧民自己也制毛布，但适于织毛布时间只短短几个月，织一顶中等帐篷至少要花几个月甚至半年的时间，这不亚于农区盖房，因而专职的口袋匠在牧区很受欢迎。每年八九月间，两村的口袋匠们携带纺车织机辗转于果洛、玉树等牧区，用主人的原材料织牛毛布，收取银元、酥油、牛毛等藏区特产作为手工费，带回后再待价而沽。走藏区的口袋匠们个个会说藏话，他们游走于农业文明和牧业文明、伊斯兰文明和藏族文明之间，频繁的经济交往使他们懂得尊重他人是无价之宝，不少口袋匠与藏族同胞结为莫逆之交，每逢节日互相走动，互赠礼物，沟通感情——辗转他乡的口袋匠们成了两种文明交融沟通的纽带。

四

先人已逝，古风尚存。面对镜头，这些质朴、讷言的口袋匠们还有些羞涩，但拿起被数辈人摩挲得发亮的工具时，他们个个都挥洒自如，他们不知道他们保存和继承的是几千年前春秋战国时代流传的踞织机，至今口袋匠们还用独特的庹（音 tuǒ）字来计量牛毛布的长度，庹是成人两臂左右平伸时两手之间的距离，合五尺，《字汇补》说：“庹，两腕引长谓之庹。”

多年以来，口袋匠们用这古朴得近乎简陋的工具，使这一古老的牛毛纺织技艺在这河湟谷地生生不息。他们通过父子相传或师徒相授的传承模式，延续着古老的牛毛纺织传统。良教乡石庄村早期的口袋匠人仅能追溯到马宝、艾阿爷、马连有等人，迄今已传至第三代。如 20 世纪 30 年代的马宝、艾阿爷、马连有等；50 年代的马占龙、马长仁、达吾尔、马连成等；80 年代的马占良、马吉武、马生海、马占全等人。

河湟谷地,先民们生存环境相对封闭,自给自足的经济使“男捻羊毛”成了当地男子的基本技能，他们将制成的牛毛布产品出售给固定的消费对象——农牧民，因而口袋匠们的图案花样及禁忌和技术要求都是严格遵循代代传承的“讲究”（标准）的，从历代沿袭传承的大豆花和梅花等各种纹饰图案中可以看出青海先民们独特的审美意识和艺术价值观。口袋匠们古老的牛毛纺织技艺使我们看到了纺织技术发展的历史进程，为研究青海先民的社会文化、生产生活提供了重要参考。看着这古朴简单的织布工具，似乎又听到了远古人们织布的声音，使身处地球村的我们不禁怀想起远古先人们的智慧。

然而随着工业经济的发展，商品流通加快，化纤等新兴材料蓬勃兴起，轻薄面料已替代牛毛布，牛毛口袋、褡裢已悄悄地消失于农业区。老口袋匠们的相继去世，使口袋匠们的技艺面临失传危机。剁口袋费时、费力、工作量大,被当地人称为“三折卧死的口袋匠”，村中不少年轻人因挣钱少不愿学这苦力活，尽管许多人家里有工具，但已不会织了，只有一部分老人为生计所迫还延续着远古的牛毛纺织技艺。但愿这个流传千年的古老技艺不会成为遥远的绝响!

后 记

我生在大通，大通在我心中留下了许多的记忆，后来随着年龄的增长，大通的知识一点一点地积累起来，再后来又调到文化部门工作，大通丰富的文化更是让我醉心于中。比如大通是舞蹈纹饰彩陶盆的故乡，早在距今四五千年前的新石器时期，古代先民就在这里繁衍生息，创造了灿烂的史前文化。秦汉以后，朝代更替，留下了先民们深深的足迹。轰动世界的舞蹈纹饰彩陶盆在这里熠熠生辉，世界上海拔最高、保存最完整的明长城在这里逶迤而立，烽火岁月的苏家堡故城静静地诉说着历史的沧海桑田，质朴厚重的上孙家寨汉墓展示着先民的辉煌。文物古迹记录着大通久远的历史密码。

然而最让我醉心的还是民间的记忆，大通是花儿之乡，花儿滋润着大通的山山水水，花儿滋润着大通的黎民百姓。这里有着国家级非物质文化遗产花儿会和皮影戏，悠扬的花儿，滋润着北川大地，浑厚的皮影戏迷醉着乡间百姓的眼睛。古朴的非物质文化遗产不胜枚举，历史久远的蛙图腾“四片瓦”舞、古风犹存的老爷山“朝山会”、纯朴自然的农民画、技艺纯熟的砂罐制作……这些成为大通灵气之脉，大通先后三次被文化部命名为“中国民间文化艺术之乡”。

清新的鹞子沟，空灵的察汗河，悠闲的乡村生活，丰富多彩的民间文化，让生活在大通的人有福了。为此一直想着为大通留下点文字，把大通的文化、大通的美景，在广泛搜集资料的基础上，以图书的形式展现在读者面前。

此书不仅得到了大通县县委宣传部、大通县科技文化和旅游体育局的支持，还得到了孔佑鹏、金辉、苏亚玲、常传宏、孙静、张英俊、韩福良的大力支持，在此一并表示感谢。

钟灵毓秀聚大通，奇山秀水集北川。相信会有更多的人来书写大通，以此为记。

冶生福

2015 年 4 月